ANDRÉ

CHÉNIER

PAR

MÉRY

TOME II.

BRUXELLES ET LEIPZIG.

KIESSLING ET COMPAGNIE,

26, Montagne, de la Cour.

1850.

ANDRÉ CHÊNIER.

0

TYPOGRAPHIE DE
J. A. JOOSTENS, *Imprimeur-Éditeur,*
35, Chaussée et Faubourg de Laeken.

ANDRÉ CHÉNIER,

PAR,

MÉRY.

897.

———

TOME II.

———

BRUXELLES,
J.-B. TARRIDE, *Libraire,*
8, Grande rue de l'Ecuyer.
1850

/3000

ANDRÉ CHÉNIER.

XVI.

INTÉRIEUR ET EXTÉRIEUR D'UN TERRORISTE.

Une femme d'un certain âge, décorée du nom suspect de gouvernante, ouvrait la porte de la chambre de Claude Mouriez, et, déposant un flambeau sur une table, elle disait :

— Avez-vous sonné plusieurs fois, monsieur?

— Quatre fois, suzon.

— Je dormais... Il me semble qu'il est permis de dormir à trois heures du matin, surtout quand on a été obligé, comme moi, de recevoir des pétitions tout le jour.

— Cela ne t'a pas mise en belle humeur ce matin, ma pauvre Suzon?

— Oh! maintenant, monsieur, j'en aurai pour toute la semaine.

— Donnez-moi mon gilet blanc à grands revers.

— Où l'avez-vous quitté hier soir?... Est-ce que vous ne mettrez jamais un peu d'ordre dans cette chambre, qui est un vrai chenil?... Voilà votre gilet marron... l'autre ne se trouve pas.

— Donne-moi mon habit neuf... Là, sur le canapé.

— Ah! par exemple! attendez que je vous laisse sortir avec cet habit, à trois heures du matin, pour parler à des émeutiers!... Endossez-moi cette houppelande de drap d'Auvergne, et, avec votre écharpe, vous ressemblerez au maire de Paris.

— Que dit le portier de cette émeute?

— Il dit que ce sont des gens de Marly qui se sont réunis sur la place de la Liberté, pour chanter une chanson contre les autorités.

— Voilà tout ce qu'ils font? Ce n'est pas grande chose...

— Oui, mais ce qui est beaucoup, c'est qu'ils demandent du pain.

— Je n'en ai pas de pain.

— Il faut pourtant que vous en trouviez. Vous êtes de drôles de citoyens patriotes! Vous faites des révolutions pour le peuple, et puis, vous le laissez mourir de faim!

— Suzon, tu ne comprends rien à la politique... Donne-moi mes bottes à revers...

— Vous avez là des souliers sans boucles, et c'est tout ce qu'il faut pour marcher contre les émeutriers, ainsi que vous les appelez, lorsqu'ils s'insurgent contre vous.

— Va pour les souliers !

— Savez-vous bien, monsieur, que vos bottes neuves m'ont coûté quatre écus neufs ?

— Donne-moi mon ceinturon...

— Que voulez-vous en faire ?

— Parbleu ! je veux y accrocher mon sabre !

— Et que voulez-vous faire de votre sabre, monsieur ? Pourquoi marchez-vous avec des armes contre de pauvres diables qui demandent du pain ?

— Et si je suis attaqué ?

— Si vous êtes attaqué, ce n'est pas ce vieux sabre qui vous défendra. C'est avec de bonnes raisons qu'il faut se défendre contre le peuple, quand on n'a ni pain ni travail à lui donner.

— A la bonne heure !... Coiffons-nous, maintenant...

— Ne prenez pas ce chapeau ! Quelle rage avez-vous de vous pomponner comme si vous alliez à la parade ?... Ces beaux hommes sont tous les mêmes ! ils se doreraient comme des calices pour se promener devant des hiboux et des chauve-souris !... Voilà votre chapeau d'occasion ; il a déjà essayé la pluie de la fête du Champ-de-Mars. Coiffez-vous avec celui-là... Vous ressemblez ainsi au beau Léandre...

— Suson, regarde à travers la persienne du balcon, si mes hommes sont arrivés.

— Oui, ils sont là, monsieur Claude.

— Sont-ils nombreux ?

— J'ai compté six.

— C'est tout ?

— Le Sergent compris.

— Six soldats pour réprimer une émeute ! On ne dira pas que je marche sur les traces de Lafayette et de Bailly.

— Monsieur Claude, comportez-vous bien avec les pauvres gens.

— Sois tranquille, Suzon !

— Oh ! vous dites toujours : Sois tranquille ! et après, vous ne faites que des sottises.

— Ce n'est pas l'avis du ministre qui m'a, dans une lettre, félicité, hier encore, sur mon civisme et sur...

— Ce ministre ne lit pas ce qu'il écrit. Je vous connais mieux qu'il ne vous connaît.

— Me voilà prêt, Suzon,... regarde-moi passer de la fenêtre, et ne te montre pas.

— Je vais dormir : bonsoir, M. Claude !... Il a bien raison, cet aristocrate royaliste, qui disait au tribunal, en se défendant :

« On m'accuse de ne pas aimer le nouveau drapeau de la nation ! » Au contraire, je l'aime, parce qu'il ne me fait passer que des nuits blanches. »

— Où as tu lu cela, Suzon.

— Dans le dernier numéro du *Glaive-Vengeur*.

Claude Mouriez pirouetta gracieusement devant deux miroirs, donna un baiser amical au front de la gouvernante et descendit l'escalier d'un air grave et d'un pas résolu.

Les cinq hommes, fragment d'escouade, se rangèrent en bataille ; Claude Mouriez les passa en revue, et leur adressa d'une voix énergique cette allocution :

— Camarades, s'il le faut, faites-vous tuer et ne tuez pas.

Il se mit à leur tête et marcha vers la place de la Liberté.

A la clarté sombre de deux réverbères, Claude Mouriez distingua un rassemblement très considérable ; et les cris furibonds de cette foule annonçaient des dispositions hostiles. Toutes les fenêtres du voisinage étaient ouvertes et garnies de tête de curieux.

— Au nom de la loi ! cria Mouriez d'une voix de

stentor, illuminez partout, afin que je distingue les bons citoyens!

Cet ordre fut exécuté sur deux lignes, et à l'instant, comme si deux fusées eussent été lancées sur les lignes des maisons.

Claude arriva devant les premiers groupes, et leur dit d'un ton ferme et en agitant sa tête formidable :

— Citoyens, je vous ordonne de vous retirer, vous troublez le repos public !

— C'est le repos public qui nous trouble, citoyen — dit un vigoureux émeutier qui prenait des airs de chef —nous manquons de travail, et nous mourons de faim.

— Il faut savoir souffrir pour la République.

— Donne-nous du pain, et nous souffrirons.

— Vous en aurez. J'écrirai aujourd'hui même au comité de Salut public. Mais dispersez-vous, au nom de la République !

— Eh bien ! dit le chef, moi je reste au nom de la Liberté !

— Et moi je t'arrête au nom de la loi ! —dit Claude en saisissant l'émeutier d'un bras vigoureux, et le remettant aux mains de ses soldats.

Des cris furieux s'élevèrent de la foule, des menaces terribles accompagnaient ces cris, Claude ressemblait à un roc battu par les vagues ; les ondulations de l'émeute se brisaient sur la pointe de ses pieds.

— Fussiez-vous cent mille, criait-il, je ne reculerai pas, et je vous défie tous d'oser mettre la main sur un représentant de la Convention ! voyez ! je croise les bras sur ma poitrine, je ne me défends pas !

L'émeute reculait insensiblement, les cris devenaient plus rares et se perdaient dans le lointain. Claude Mouriez s'avançait toujours seul au milieu d'une armée, et sans trouver la moindre résistance.

— Citoyens, dit-il alors, puisque vous obéissez à la

loi, vous choisirez six délégués parmi vous : ils seront chargés d'exposer vos plaintes communes, et je les recevrai à midi.

Un murmure général d'approbation accueillit ces paroles ; le rassemblement perdit son caractère d'hostilité redoutable et se dispersa : il n'en restait plus de traces aux premières lueurs de l'aube.

Claude Mouriez dit à l'escouade de conduire l'unique prisonnier à sa destination, et il rentra seul chez lui, en traversant plusieurs rues jalonnées de curieux très peu sympathiques.

Amis ou ennemis, tous cependant regardaient passer avec admiration ce géant révolutionnaire, qui luttait seul contre un peuple, et dont la voix, le geste, l'énergie, la figure, répandaient au loin une silencieuse terreur !

Il faut dire aussi que Claude Mouriez ne négligeait rien pour faire valoir en ces occasions, les formidables qualités physiques dont la nature l'avait pourvu : il ébranlait le sol, comme la tour ambulante des siéges romains, il agitait ses lèvres, allumait ses yeux, gonflait ses narines, donnait un relief énorme à son vaste gilet républicain, et traversait ainsi la foule, comme un archange mal foudroyé dans sa rébellion, et tombé sur notre globe, par une erreur de chemin.

Le petit neveu Adrien, déjà debout avant l'aube, attendait son oncle sur la porte de l'hôtel-de-ville, et achevait de lire quelques rapports de police, arrivés pendant la nuit, et recommandés à la célérité de l'examen par ce mot, écrit dans un angle : *pressé*.

— Ah ! te voilà ! mon petit Adrien — dit l'oncle en serrant la main de son neveu — montons vite, car les curieux vont s'amasser, et tu sais, les curieux sont la semence des émeutes.

— Oh ! dit le neveu, en précédant Claude sur l'escalier, — vos paroles sont toujours plus sages que vos actions.

Quand ils furent seuls, et assis dans le laboratoire municipal, Claude Mouriez dit au jeune homme :

— Toi aussi, te voilà encore de mauvaise humeur de très-bon matin !

— Il y a vraiment de quoi, mon cher oncle !

— Ah ! voyons !... quitte cet air mystérieux et parle.

— Voici, — dit Adrien, en jetant un papier sur la table, — voici un rapport qui parle pour moi.

Claude prit la feuille de police, et la chair bronzée de sa figure sembla se décomposer comme la cire devant le tison.

— Tu as lu cela ? — dit-il à Adrien d'un ton naïf.

— Pourquoi donc, mon cher oncle, commettez-vous (excusez le mot) l'étourderie de me confier la lecture de tous les rapports, si, parfois, il doit m'en tomber de semblables sous la main ?

— Ceci est une exception, Adrien... une fâcheuse exception.

— Certes, mon oncle, vous employez là un terme bien indulgent ! *Fâcheuse !*... Tout le monde ne jugera pas ainsi.

— Tu crois donc, Adrien, que cette aventure fera du bruit ?

— Si je le crois ! Ah ! ça ! mais, mon cher oncle, vous êtes quelquefois naïf comme le premier mot d'un enfant !... Quoi ! vous envoyez deux sbires enlever une femme dans une maison de l'avenue du Tiers, n° 49 ; ces deux maladroits n'enlèvent rien du tout ; ils sont chassés honteusement, à coups de fourches, par la garnison de cette femme, et vous croyez que cette aventure nocturne est une *fâcheuse exception*, qui ne fera point de bruit !

— Il faut te dire Adrien — dit Claude d'une voix

conciliante — que j'avais des raisons majeures pour violer ainsi le domicile d'un citoyen.

— Oh! mon oncle, je connais ces raisons majeures! et ce citoyen dont vous parlez est une citoyenne... elle n'est pas nommée dans le rapport, mais je parierais bien de deviner son nom.

— Tu te tromperais, Adrien... Oui, tu as beau me regarder avec des yeux ronds, tu te tromperais.

— Ce n'est pas la comtesse Marguerite?

— Non! répondit Claude, par un suprême effort de mensonge.

— Vous dites non!... Ce n'est pas la comtesse Marguerite?...

— L'ex-comtesse la ci-devant comtesse, Adrien.

— Bah! il s'agit bien chicaner sur le titre! voilà une ingénieuse digression que vous trouvez pour m'éloigner de ma route! je resterai dans mon sujet.

— Ceci est vraiment trop fort! — Claude en se levant d'un air humblement révolté — me voici encore obligé de me justifier devant cet enfant!

— Mon oncle, il faut subir les conséquences des révolutions que vous faites. Même la hiérarchie dans la parenté doit disparaître. Nous sommes oncle à notre tour, et je vais vous le prouver.

Adrien se leva, ouvrit une fenêtre et regarda le ciel.

— Où vas-tu donc, enfant? — dit Mouriez avec l'accent timide du coupable qui veut se concilier son juge.

— Je vais faire une expédition, moi aussi.

— Et quelle expédition? — dit Claude avec un sourire sérieux.

— Autrefois, avant 89, lorsqu'un oncle apprenait que son neveu s'était compris dans une équipée nocturne, il se rendait de sa personne sur le lieu du délit, pour étouffer la fâcheuse exception dans son bureau. Je vais donc, en vertu du nouvel ordre de choses, remplir le même devoir. Seulement, les rôles seront intervertis.

— Adrien, tu ne sortiras pas! — dit Claude, en se plaçant devant la porte.

— Mon oncle, vous avez commis une action infâme, et qui peut flétrir votre nom et le nom de mon père! Laissez-moi passer, laissez-moi passer, vous dis-je pour aller coudre les lambeaux de notre honneur de famille; cet honneur que vous avez mis en pièces cette nuit!

— Adrien, mon cher fils, — dit Claude d'une voix presque suppliante, — tu exagères tout, avec l'imagination de ton âge. Rien n'est compromis dans notre honneur, crois le bien...

— Deux sbires, envoyés ténébreusement chez une jeune femme, comme cela se pratiquait dans la République de Venise! la sainteté du gynécée profanée à minuit! voilà certes des choses fort honorables, et qui glorifient un nom!... Il y a maintenant qu'un noble mensonge qui puisse nous sauver de l'infamie. Il faut dire à la comtesse Marguerite que ces deux hommes sont deux bandits; il faut se hâter de les désavouer, et de repousser la solidarité de leur crime. Mon premier mouvement me conseille cette démarche, et je la fais sans réfléchir, parce que je la crois bonne, et je ne veux pas attendre cette réflexion diplomatique, qui empêche toujours d'accomplir le bien... Mon oncle, laissez-moi passer... Ne m'arrêtez point sur le chemin du devoir.

— Attends encore, Adrien... le grand jour t'inspirera mieux, dit Claude les mains jointes.

— Attendre! il n'y a pas une minute à perdre... Voilà le jour qui commence à poindre, je pars, et maintenant j'exige davantage : je ne partirai pas seul : vous m'accompagnerez.

— Moi?

— Ce que j'ai dit est bien clair, il me semble, mon cher oncle. Oui, vous m'accompagnerez chez la comtesse Marguerite. Passez le premier, je vous suis Claude Mouriez, c'est votre frère qui vous crie cet ordre du fond de son tombeau.

Claude Mouriez, vaincu par un enfant, comme Goliath par David, inclina la tête, et sans trop savoir ce qu'il allait faire, il obéit au jeune Adrien.

XVII.

L'ARME DU PROSCRIT.

André suivit Angélique sur l'escalier et dans le jardin.

Arrivés tout deux sur le talus latéral de l'avenue, Angélique regarda le ciel, et fit un léger signe de tête qui exprimait la satisfaction ; puis elle entraîna Chénier dans une longue allée massive d'arbres, et elle lui dit :

— Un jour, monsieur, vous nous avez suivies de loin, madame et moi, dans ce sentier sauvage. Vous en souvenez-vous ?

— Comment puis-je avoir oublié cela ! — répondit André avec émotion. Il n'y a pas fort longtemps, et je me souviens même que je perdis subitement vos traces..., et précisément, je crois, à l'endroit où nous sommes.

— Maintenant, monsieur Chénier, écoutez bien ma recommandation. Ne cherchez pas à découvrir où je vais. Asseyez-vous au pied de cet arbre et attendez-moi.

— J'obéis aveuglément, dit le poëte.

— Oui, aveuglément, c'est le mot.

Un quart d'heure s'écoula. L'aurore remplissait les bois de ses murmures charmants et réveillait tous les parfums endormis dans les calices des fleurs et les grappes de lilas.

André prêta l'oreille à un léger bruit de gazon effleuré par la bordure d'une robe ; il ne tourna pas la tête et attendit l'apparition, l'œil toujours fixé sur le même point.

Se lever, tomber à genoux et se relever au premier signe, André fit tout cela au même instant ; la comtesse Marguerite était debout devant lui.

— Monsieur, — dit-elle, — il faut vivre dans les temps où nous sommes pour assister à de pareilles scènes. Si tout est interverti dans les convenances et les devoirs, si nous vivons de cette vie de souterrains et de ténèbres, la faute n'en est pas à nous : elle vient des exigences terribles de ce moment que nous traversons. Cela vous explique, monsieur, pourquoi je suis ici.

— Madame, dit Chénier, vous êtes venue pour sauver un homme de son désespoir ; cette bonne action est de tous les moments et de toutes les époques.

— Non, monsieur ; c'est une erreur. Nous sommes dans un moment où une femme peut ajouter foi à la parole d'un homme qui la menace d'un suicide. Il est si facile de mourir aujourd'hui ! Ainsi, j'ai cru à votre désespoir, et je suis venue à votre secours comme on tend la main à un naufragé.

— Madame, c'est la seconde fois dans la même nuit que vous me prêtez votre assistance ; car j'ai compris ce que vous avez fait pour moi il y a quelques heures dans votre jardin, lorsque vous avez reparu pour attirer sur vous toute l'attention du... de ces deux hommes, et me ménager le moyen de me sauver dans les ténèbres. Il n'y a qu'une femme qui puisse trouver ces expédients merveilleux, ou, pour mieux dire, il n'y a qu'une femme, celle que ma vie entourera reconnaissance et d'amour.

— Monsieur, — dit la jeune femme en prenant une main du poëte, — je vous ai prouvé tout l'intérêt que je vous porte en accourant à votre cri de détresse ; maintenant, je crois pouvoir être tranquille... retirez-vous et soyez prudent. Je continue à veiller sur vos jours, pauvre exilé; mais il faut aussi, monsieur, que vous méritiez les soins maternels qu'on vous donne. Un suicide serait plus qu'un crime, ce serait une ingratitude : vous ne serez point ingrat.

A ces mots, la comtesse se retourna vivement, et serrant la main de Chénier avec force, elle l'entraîna sous d'autres arbres plus touffus et plus sombres.

— Mettez vos pieds là, lui dit-elle, sur cette bordure de hautes herbes, et ne faites plus un seul mouvement, plus une seule question !

Les premiers rayons du jour éclairaient l'avenue, et on voyait blanchir les murs des maisons à travers les éclaircies des arbres.

Angélique arrivait d'un pas rapide, et quoique le bruit de sa marche eût été amorti par le gazon, il était parvenu aux oreilles de la comtesse Marguerite. C'était comme une sentinelle vigilante qui, en se repliant, et même sans pousser le moindre cri, annonçait un danger.

André demeurait immobile sur le terrain mystérieux où l'ordre d'une femme l'avait incrusté, comme une statue sans piédestal.

Angélique tremblait en serrant la main de la comtesse. — Madame, — dit-elle, lorsque l'émotion fut un peu calmée — vous avez eu une excellente idée en me plaçant en observation dans ce taillis où l'on voit tout sans crainte. Deux hommes sont arrivés sur l'avenue, devant votre maison ; leur allure n'avait rien de rassu-

rant, et je ne les ai pas perdus de vue. Ils se sont arrê-
tés en se faisant des signes d'intelligence, et ont désigné
de la main la porte, comme des gens qui se font des cé-
rémonies pour les honneurs et les priviléges du pas.
L'un de ces deux hommes est d'une haute taille, et à
force de le regarder dans ce jour qui n'est pas encore
bien clair, je l'ai reconnu...

— C'est lui ! dit la comtesse par une interruption
brusque.

— Oui, madame.

— Qui, lui ? — demande involontairement Chénier.

La comtesse posa sa belle main sur les lèvres du poëte,
et lui donna un regard doucement sévère.

— Oh ! je m'attendais à cette visite ! dit la comtesse.
Sont-ils entrés ?

— Non, madame... On dirait, et je présume qu'ils
attendent du renfort... Les deux premiers agents de police ont probablement sonné l'alarme dans leur camp,
et le chef vient se mettre, sans doute, à la tête d'une
nouvelle expédition.

— Toutes les avenues de ma maison, dit la jeune femme,
sont cernées par la police en ce moment !

— C'est probable, madame, et j'ai eu la même
idée.

— Madame, dit Chénier vivement, je vous offre un
abri dans...

— Monsieur Chénier, interrompit la comtesse, voilà
deux fautes de désobéissance commises en deux instants... Vous m'offrez un abri dans votre maison...
Il ne serait pas très sûr, cet abri... nos deux maisons
sont malheureusement trop voisines.... Et puis que pen-
serait-on de moi si on me trouvait chez vous !.... Monsieur Chénier, croyez que les femmes sont plus pré-
voyantes que les hommes... Si le bois est cerné, comme

je n'en doute point, que feriez-vous, monsieur? Voyons?
je vous permets de répondre.

— Madame, si j'étais seul, je...

— Vous n'êtes pas seul, interrompit vivement la comtesse, nous sommes trois.

— Madame, je vous défendrais jusqu'à la mort.

— Et votre mort me sauverait-elle?

— Non, madame, mais...

— N'ajoutez plus rien, monsieur Chénier; vous ne pouvez rien ajouter de sensé après ces trois mots... Eh bien! moi, monsieur le poëte, j'ai eu la prévoyance d'une mère ou d'une sœur... pour vous... Regardez, regardez aux carrefours lointains de tous ces bois... Ne vous semble-t-il pas que des armes brillent, que des têtes hideuses se montrent, que les branches s'écartent pour laisser passer les bandits?

— Oh! ce ne sont pas des visions peut-être, madame — dit Chénier en couvrant la comtesse de ses regards — ce sont des réalités; moi je ne vois que vous!

— Fuyez alors, monsieur, fuyez! vous ne pouvez rien pour ma défense, rien pour la vôtre. Vous n'avez pas même une arme. Vous serez pris au piége, sans gloire, comme le lion qui tombe dans la fosse du chasseur.

André saisit une branche d'ormeau, l'arracha de l'arbre et l'émonda en un clin-d'œil, comme aurait fait un berger, habitué à se forger cette arme, dans les vallons de Thessalie, à l'approche d'un loup ravisseur.

— C'est insensé ce que vous faites, dit la comtesse; plus insensé ce que vous comptez faire. De grâce, obéissez-moi! Profitez de ces dernières ombres qui nous voilent sous ces arbres, et que le soleil va dissiper bientôt...

— Mais, madame — interrompit le poëte — demandez-

moi le possible, au nom du ciel, et je vous obéirai !
Comment voulez-vous que j'accepte une aussi lâche dé-
sertion ! je m'écrierai comme le frère de Godefroy du
Tasse : *Que dirait-on si on savait que j'ai refusé mon bras
à une femme !* Vos ennemis, d'ailleurs, madame, sont
aussi les miens, je les attends. Je tiens d'une main vi-
goureuse l'arme qui terrassa Géryon et Antée ; je ne
tomberai pas le premier dans cette lutte, et vous avez
madame, quelque chance de vous sauver, quand ceux
qui vous cherchent se verront obligés de se défendre
contre moi.

La jeune femme croisa les bras sous le sein, agita
convulsivement son pied droit sur les herbes, et regarda
le ciel comme pour lui demander une inspiration.

— Monsieur Chénier, dit-elle, je vous remercie de
ce noble dévouement ; ce n'est pas seulement avec votre
génie que vous imitez l'antique, c'est avec votre cœur.
Vous êtes donc bien résolu à vous faire tuer pour moi
ce matin !

— Ce matin, et toujours.

La comtesse fit un signe à Angélique qui se tenait à
quelques pas.

Un rayon de soleil perça horizontalement la voûte des
arbres, et vint éclairer cette scène.

— Maintenant, dit la comtesse, nous allons être aper-
çus... vous gardez toujours votre même position, monsieur Chénier ?

— Toujours, madame.

— Toujours même désobéissance ?

— Même dévouement.

— Eh bien ! je suis contente de cette épreuve, que le
hasard a mise à ma disposition ce matin, Monsieur
Chénier, vous méritez tout ce qu'une femme a fait pour
vous.... Angélique, ouvrez.

Dans le plus épais du taillis, Angélique souleva une de ces trappes secrètes, comme cette époque en vit tant construire, et André aperçut une pente sombre qui conduisait à une voie souterraine : — Suivez-nous, dit la comtesse, et elle descendit la première.

La trappe retomba sans le moindre bruit, comme un couvercle de velours.

Ce souterrain, qui existe encore aujourd'hui conduisait secrètement de la maison n° 19, au bois, les proscrit de 93 : il était creusé en voûte, dans une terre argileuse, mais solide, et trois lanternes l'éclairaient de de dix pas en dix pas.

—Comment trouvez-vous cette surprise?—demanda la comtesse en souriant ; — vous avez maintenant mon secret, monsieur notre poëte.

— Voilà sans doute, dit Chénier, la meilleure arme de défense qu'un proscrit puisse avoir... et par quel heureux hasard, Madame, avez-vous trouvé cette arme sous vos pieds ?

— Monsieur notre poëte, vous voulez trop vous instruire en un jour... je vous apprendrai cela plus tard.

— Madame, excusez mon indiscrétion.

— Voilà pourtant, poursuivit la comtesse, voilà nos galeries du palais de Versailles, aujourd'hui! Voilà les corridors où passent les grandes dames! Qui nous eût dit cela au petit souper de l'hôtel de la tour d'Aigues, à Aix, en 1788! quand M. de Florian nous récitait ses bergeries! quand M. Chérubini nous chantait—*Ah! s'il est dans votre village*! Quand M. l'abbé Delille nous déclamait des vers sur les figues et les olives de Provence !....

—Ajoutez aussi, Madame, interrompit Chénier, quand vous me regardiez d'un air si sombre au milieu d'un festin si gai! quand votre charmant visage se couvrit d'une pâ-

leur subite, comme si la vision de 93 eût passé sanglante
devant nos yeux...

— Oui, oui, je me souviens confusément de cela, c'est
vrai ! c'est vrai — dit la comtesse en appuyant son front
sur ses deux mains.

— Non, madame, vous vous en souvenez fort claire-
ment, au contraire ; il n'y a aucune confusion dans votre
mémoire, j'en suis bien certain.

— Aucune, aucune, c'est vrai — dit la comtesse en
secouant mélancoliquement la tête. — Oui, la femme ne
peut tromper le poëte qui devine tout... Alors, je vous
achèverai ma confidence... Oui, c'est le souvenir d'un
pressentiment affreux, et de ce nuage de sang qui passa
devant moi, qui a voué ma vie à la vôtre, qui, depuis
vos premières luttes, a mis la comtesse Marguerite sur
tous les chemins où s'aventurait le poëte Chénier...
Oui, cette soirée d'Aix, ce souper de la tour d'Aigues, se
sont fixés dans mon souvenir en caractères ineffaça-
bles... J'ai vu alors dans le fond ténébreux de la salle
des choses horribles, et se dresser des objets sanglants
qu'aucune langue ne nomme, et qui brûlaient mes cheveux à leur racine ! et je me suis attaché à vous par un
sentiment d'affection que je saurais classer peut-être, si
j'avais été mère... Voilà, Chénier, voilà un souterrain
qui a été creusé à votre intention et en deux mois par
mon fidèle Denis, mon ancien jardinier, aujourd'hui retiré avec sa famille à Vironflay ; c'est lui qui veille sur
Angélique et sur moi pour les nécessités de la vie, et
qui est notre Providence exacte de chaque soir.

André prit une main de la comtesse et la mouilla de
larmes, puis il dit :

— Permettez-moi, madame, de vous demander maintenant ce qui a pu vous attirer cette persécution de la
part de...

— Je vous arrête, Chénier ; ne me demandez rien. Il y aurait un moment où vos demandes deviendraient indiscrètes, à votre insu, et il m'en coûterait trop de ne vous répondre que par un silence injurieux. Attendez les réponses que le temps, ce grand révélateur, donne lui-même à toutes les questions.

— Je me résigne, madame.

— Nous voici maintenant à l'extrémité de notre cache. Parlons très bas, ou faisons mieux, ne parlons pas du tout... Écoutons lorsqu'on parlera...

— Et qui parlera, madame, si nous nous taisons, nous ?

— Chénier, vous allez entendre et voir ; cela doit vous suffire. N'interrogez plus.

XVIII.

PORTE-DIVIN.—POETA-VATES.

La duchesse appuya son oreille contre un panneau de bois qui fermait le souterain, et après avoir gardé cette position quelques instants, elle fit signe de la main qu'elle n'entendait aucun bruit.

—Maintenant — dit-elle à Chénier sans trop contraindre sa voix — je vais vous expliquer brièvement tout le mécanisme de cet abri. Qui sait ! peut-être un jour cela pourra vous être utile... En appuyant le doigt sur ce bouton de cuivre, le panneau de bois s'ouvre, et on entre dans le salon. Une console cache intérieurement ce panneau et fait corps avec lui... Il n'y a point

de danger, en ce moment, de compléter cette démonstra-
tion, et elle n'en sera que plus claire...

La jeune femme pressa le bouton de cuivre, et par une
fissure lumineuse et verticale on aperçut une partie
du salon : aucun bruit, aucune voix, n'en sortaient ;
la main de la curiosité poussa le panneau plus avant,
et André Chénier, hasardant sa tête, d'abord, puis le
torse, pénétra enfin dans le salon pour examiner le mécanisme intérieur de la console. La jeune femme le suivit
faisant une remarque fort juste, en apparence du moins,
et qui les tranquillisa tous les deux : — Nous n'avons encore entendu aucun coup de marteau, dit-elle ; avant
d'enfoncer la porte ou de tenter une escalade, ils com-
menceront par frapper. Nous avons ainsi assez de temps
pour disparaître sans être vus.

— C'est incontestable ! dit André, tout entier au bonheur de contempler l'éblouissante beauté de la comtesse
Marguerite, dans les joyeux rayons du matin.

La comtesse Marguerite, malgré les sinistres préoccu-
pations du moment, cédait à l'innocent amour-propre
de montrer au poëte tous les ingénieux détails de cette
console mobile, dont le mécanisme avait été organisé
d'après ses conseils et ses plans : elle referma donc le
panneau secret, et dit à Chénier :

— Vous voyez qu'à présent il est impossible de deviner
l'issue du souterrain, et lorsqu'on veut s'enfuir de
cette maison, comme j'ai fait cette nuit, on presse du
doigt cette rosace de la console, et...

La main de Chénier s'appuya fortement sur la main
de la comtesse ; elle leva les yeux, et vit, dans le mi-
roir, deux hommes qui entraient dans le salon. Une
sueur froide glaça son épiderme : elle avait reconnu
Claude Mouriez.

André Chénier garda sa position, et rendit, par un

mouvement de tête, le salut que les deux hommes lui donnaient en entrant.

La comtesse recueillit toute son énergie, et regarda fixement les deux étranges visiteurs.

Angélique n'avait pas quitté le souterrain.

La grande dame se réléva subitement en cette occasion foudroyante :

— J'invite ces messieurs à s'asseoir, dit la comtesse avec un geste gracieux, comme si elle eût reçu deux nobles seigneurs en son hôtel de Grave.

Claude Mouriez, qui n'avait pas tremblé, la nuit dernière, devant l'émeute de la faim, se sentait défaillir comme le lâche devant la pointe d'une épée nue. Le jeune Adrien regarda son oncle et vit la pâleur de la mort sur cette figure pétrie d'airain.

— Nous venons — dit le jeune homme avec le ton le plus respectueux — nous venons prier madame de vouloir bien nous accorder un entretien particulier.

— Particulier — dit Claude, qui avait trouvé à peine un souffle calme pour prononcer un mot.

— Monsieur — dit la comtesse en désignant Chénier — monsieur est-il de trop dans cet entretien ?

Adrien regarda son oncle, qui fit timidement un signe affirmatif.

— Il m'est impossible de quitter madame — dit Chénier d'un ton résolu, mais poli.

L'homme qui tremble devant une femme ne tremble jamais devant un homme ; la parole brève de Chénier rendit tout son courage à Claude. — Citoyen, dit-il, si vous ne sortez pas, l'entretien est impossible, et alors tant pis pour les récalcitrants !

— Si madame m'ordonne de sortir — dit Chénier — je sortirai.

— C'est très juste ! dit Adrien qui, par un geste

adroit et insensible, ramenait son oncle à la douceur.

— Eh bien messieurs, dit la comtesse, vous excuserez la timidité d'une femme ; je ne puis me décider à accepter cet entretien tel que vous le proposez.

Claude Mouriez préparait une explosion : Adrien la calma tout de suite en enlaçant son bras au bras de son oncle avec une familiarité charmante, et en disant d'une voix douce : — Au fait, nous avons été trop exigeants, mon oncle et moi, envers une femme ; ce que nous venons vous dire, madame, pourrait être entendu de tout Versailles ; ainsi nous ne prétendons par exclure votre unique auditeur... qui, sans doute, est le mari de madame...

Chénier et la comtesse gardèrent un silence jugé prudent.

Adrien se tourna vers son oncle, et lui dit avec le gracieux sourire de la jeunesse : — On ne peut pas séparer la femme du mari, n'est-ce pas ?

Claude parla intérieurement, comme l'orgue qui s'éteint sur une note sourde.

Mon oncle le citoyen Claude Mouriez, dit Adrien, est investi, comme vous le savez, de pouvoirs extraordinaires par le comité de salut public. Guerre aux méchants et protection aux gens de bien, telle est sa divise. Or nous avons appris par des rapports exacts : que deux malfaiteurs se sont introduits la nuit dernière dans votre maison, madame, et en vous affirmant qu'un pareil attentat ne se renouvellera plus, nous vous annonçons que les coupables seront recherchés, découverts et punis exemplairement. Il était de notre devoir de commencer cette journée par une démarche que vous apprécierez madame ; plus tard, nos travaux d'administration nous eussent retenus à l'Hôtel-de-Ville ; et même, nous ne serions pas entrés chez vous madame, à une

heure si matinale, sans une circonstance qui nous a
enhardis à franchir le seuil de votre maison : la porte
déjà ouverte annonçait des locataires réveillés avant le
lever du soleil.

— J'aime à croire, dit la comtesse, que ce que vous
venez de me dire est l'expression de la pensée de
M. Mouriez, votre oncle.

Mouriez fit un signe d'adhésion, et balbutia quelques paroles qui ne formèrent pas une phrase.

Adrien se disposait à sortir, montrait du regard à
son oncle la porte du salon, mais celui-ci ne pouvait
se décider à suivre son neveu : un charme invincible le
retenait dans cette atmosphère calme, où la grâce du
printemps, le parfum des fleurs, les chants des feuilles, la beauté d'une femme, se réunissaient pour amor-
tir les haines et verser une douce ironie sur les passions politiques du moment.

Les yeux de Claude Mouriez avaient parcouru, en un
quart-d'heure, toutes les nuances de l'expression du
regard, depuis la sévérité fixe jusqu'à la tendresse ve-
loutée : cette femme qu'il poursuivait si ardemment
dans ses loisirs politiques, était là devant lui, et l'innocent bonheur de la regarder lui faisait oublier Fou-
quier-Tinville, le journal l'*Ami du Peuple* et le club des
Jacobins.

Pressé par le regard dominateur du jeune Adrien,
Claude Mouriez bégayait les syllabes confuses de l'a-
dieu, mais il n'eut pas le courage de subir si tôt cette
éclipse de beauté ; les paroles d'adieu se transformè-
rent sur ses lèvres tremblantes, et au lieu de ce qu'il
allait dire, il prononça cette phrase : — Avez-vous,
madame, quelques soupçons sur les... malfaiteurs dont
vous a parlé mon neveu ?

— Non, monsieur — répondit la comtesse avec
une candeur bien jouée.

— Il me suffirait, madame, du plus léger indice pour
me mettre tout de suite sur la trace de ces hommes...

— Monsieur, je n'ai aucun indice à vous donner.

Deux hommes amoureux de la même femme ne se
trompent jamais mutuellement sur leurs intentions ré-
ciproques. André n'avait pas un seul instant détourné
son regard du visage de Claude Mouriez, et son intelligence, encore éclairée par l'amour, avait tout deviné,
tout compris. Vingt fois l'ardent poëte reprima, comme
il le disait lui-même, *le démon qui s'agitait dans son
cœur*, cette lutte de la prudence et de l'exaltation devait avoir un terme : l'exaltation l'emporta.

— Monsieur — dit-il, avec un accent inimitable, où l'i-
ronie aiguisait chaque mot — si madame n'a aucun indice
à vous donner pour nous mettre sur la trace des deux malfaiteurs, il ne faut pas que votre justice bienveillante se
décourage. Des hauts sommets où vous êtes, il vous est
facile de bien voir et d'assurer le succès de vos investigations. Quand vous voudrez tout savoir, vous saurez
tout. Je me fais garant de la réussite. Surtout, prenez les criminels là où ils sont ; il y a un bras coupable qui a tout conduit, il y a un instrument aveugle
qui a tout exécuté. C'est le bras qu'il faut atteindre, et
cela vous sera facile, monsieur, et si facile que vous
ne le ferez pas.

— Et qui pourra m'empêcher de suivre mon devoir?
— demanda Claude, d'un ton mêlé d'assurance et
d'indécision.

— Qui pourra vous en empêcher? belle demande !
vous le savez bien. Ah ! je le sais ! — remarqua Mouriez avec un sourire sombre.

Chénier fit avec la tête plusieurs signes consécutifs
d'affirmation.

Le jeune Adrien, pâle d'épouvante, regardait la

comtesse , qui tenait les yeux baissés sur la pointe de
ses peid, dans un stoïcisme superbe.

— Mais — poursuivit Claude , en jouant la bonho-
mie d'une façon très-gauche — si pourtant mon intelligence était en défaut; si j'étais moins instruit que vous ne
le présumez, pourrais-je, dites-moi , avoir recours à
vos lumières.

— Monsieur — dit Chénier lestement — je n'ai jamais refusé le secours de mes lumières à personne.

Il y a des paroles qui semblent rebondir sur la poitrine d'un interlocuteur comme le plomb sur la cible.
Mouriez fit le mouvement d'un homme atteint d'une
balle tirée à brûle pourpoint.

— Eh bien ! — dit Mouriez en riant avec tristesse
— je vous consulterai lorsqu'il le faudra.

Et il regarda la comtesse de l'air d'un homme qui at-
tend l'intervention officieuse d'une troisième personne
pour sortir d'un cruel embarras.

La comtesse affectait d'attacher en ce moment ses
yeux sur la cime des arbres de son jardin, comme une
femme qui laisse son défenseur suivre en toute liberté
une idée généreuse, sans s'inquiéter du fâcheux résultat
que le courage imprudent et inopportun amène quelquefois.

— Lorsqu'il le faudra ! — dit Chénier d'un ton rail-
leur — lorsqu'il le faudra !... Mais ces choses-là doi-
vent être éclaircies tout de suite. Votre justice veut-elle
s'obstiner à marcher d'un pied boiteux, lorsque je lui
offre des ailes pour voler au but ?

— Voyons ! voyons ! — dit Mouriez, en croisant ses
larges bras sur sa poitrine, en guise de bouclier.

— Vous allez voir, continua le poëte ; nous avons,
des instincts infaillibles pour lire sur les visages comme
vous lisez, vous autres, sur vos rapports de police. Le

procès-verbal de la dernière nuit est écrit, pour moi sur votre figure et dans vos yeux; il retentit dans chaque note de votre voix; il se peint dans les lignes de votre gaîté si triste... à tel point, monsieur, que vous n'auriez pas ce sourire, ces gestes, ce maintien, cette attitude, si ce qui est n'était pas; à tel point que votre neveu, honnête jeune homme, se serait déjà livré, dans la généreuse exaltation de son âge, pour me fermer la bouche, au lieu de garder son silence accusateur. Cela est-il assez clair? Voulez-vous un rayon de plus? qu'il luise?... Monsieur, vous aimez brutalement cette femme, et vous êtes l'auteur et le complice du crime sauvage de la dernière nuit !

Adrien poussa un cri déchirant et s'évanouit : jusqu'à ce moment son courage l'avait soutenu.

La terre trembla sous le pied de Claude; un cri sourd retentit dans la poitrine du géant comme la plainte de la Solfatare. — Vous insultez ici le représentant de la loi ! — s'écria-t-il d'une voix de tonnerre, — et je vous arrête!

— Bien ! — dit Chénier froidement; — voilà une noble réponse à mon accusation.

— Vous n'avez pas le droit d'accuser, monsieur !

— Vous me demandez le secours de mes lumières; je vous les donne.

— Tu es un insolent !

— Au nom du Ciel ! s'écria la comtesse, donnez donc du secours à ce pauvre jeune homme!... Mon Dieu ! il est froid comme un cadavre !

En ce moment, de violents coups de marteau retentirent sur la porte de la maison.

— Ce sont mes fidèles qui m'ont suivi, — s'écria Claude avec un terrible geste de menace; — ils veillent sur moi. Ils ont cru que j'étais tombé dans un guet-apens royaliste. Je vais leur ouvrir moi-même, et vous serez écroué tous deux dans les cachots de la municipalité.

Claude sortit avec précipition et ouvrit la porte de l'avenue... une femme était debout sur le seuil!...Claude jeta un rapide regard sur la chaussée et dans les longues lignes des arbres... Pas un être vivant ne soulevait un atome de poussière, ne courbait un brin d'herbe !...

— Que venez-vous faire ici ? — demanda Claude d'un ton brusque à la femme.

— Je rentre chez moi, monsieur.

C'était Angélique : la femme dévouée avait entendu la scène, et elle accourait à tout hasard pour opérer une diversion quelconque au profit de sa maîtresse.

— Votre maison, dit Claude, est visitée par les gens de justice ; retirez-vous ?

Il repoussa dans l'avenue Angélique, ferma la porte, et plongeant ses mains dans les larges ouvertures de son habit, il en retira une paire de pistolets, les arma, et prit le chemin du salon.

En ce moment, la figure de Claude Mouriez exprimait les sentiments les plus opposés; tout ce qu'il y avait de bon et d'humain au fond de son âme s'évaporait au feu de l'amour et de la haine ; un homme odieux, une femme adorée, remplissant son univers ; ils étaient là tous deux en son pouvoir, l'un pour la volupté de la haine assouvie, et l'autre.

2 3

XIX.

POUR UNE FEMME INSULTÉE.

Un ancien a dit : Voulez-vous savoir jusqu'à quelle limite les passions peuvent aller? Mettez-les dans le cœur d'un homme puissant (1). Lorsque cet ancien écrivait cette pensée profonde, la puissance suffisait pour donner la juste mesure de la frénésie humaine. L'homme, investi du pouvoir dominateur, avait aussi l'énergie et la santé de ses passions dévorantes, et il les entraînaient avec lui, sans fléchir sous leur poids, jusqu'à l'agonie de son âge mûr. Bien plus ! l'empereur Tibère, vieillard chauve et courbé dans sa haute taille, *proceritate curva*, comme dit Tacite, continuait encore à Ca-

(1) *Da posse quantùm volunt* (Sénèque).

prée ses orgies du Mont-Palatin. Les hommes ensuite,
aux époques modernes, n'ont fait que parodier ces
effrayantes débauches de l'antiquité : les *petits soupers*
de *la Régence* et les *petites maisons* du libertinage valé-
tudinaire n'ont jamais pu s'élever à la hauteur du festin
cyclopéen de Trimalcion, à la hauteur des palais du
lac Lucrin, où la lumière seule du soleil levant éteignait
les lampes et les hymnes des *hommes heureux*.

L'espèce de ces hommes ne s'est pourtant pas éteinte
comme celle des animaux anti-diluviens ; quelques in-
dividus ont résisté çà et là, et attestent encore, par de
rares exceptions, la puissance des passions antiques ;
ceux-là peuvent encore faire fléchir l'arc d'Ulysse, lancer le disque de Romulus, manger au festin de Trimalcion, et rester debout, après dix nuits de saturnales,
sur des monceaux de pampres, de lierres et de thyrses
flétris. Dans les temps ordinaires, ces êtres exception-
nels sont obligés de se rapetisser, pour se mettre au ni-
veau commun ; ils sont mal à l'aise au milieu d'une
société qui n'est pas à leur taille ; mais s'ils font une ten-
tative pour sortir de l'alignement, le Code pénal s'ouvre,
le glaive de Thémis brille, et ils se résignent à vivre
comme leurs voisins dans les liens du mariage et la par-
cimonie domestique du festin bourgeois, inconnu de
Trimalcion. Quand la société se bouleverse, tout de
suite on voit surgir en quelques zones ces géans éner-
giques et passionnés qui demandent une part léonine
dans la société nouvelle : si le parfum de la bataille les
enivre, ils marchent sous un drapeau, deviennent
Kléber, prennent Alexandrie d'assaut avec une échelle
et une hache d'armes, et passent à l'état mythologique
de demi-dieu ; s'ils demeurent dans les villes, leur énergie les recommande à la faveur populaire ; ils deviennent alors Mirabeau ou Danton.

Lorsqu'ils ne s'élèvent pas si haut, ils restent Claude Mouriez ; c'est de l'antique subalterne.

Pouvoir dictatorial, énergie indomptable, âme de feu, corps de bronze, caractère vivant de toutes les passions, cet assemblage composait l'individualité gigantesque de cet homme ; sa haine ou son amour étaient deux fléaux déchaînés lorsqu'il brisait les lisières de sa gouvernante et de son neveu.

Dans le formidable élan qu'il avait pris, sur la porte où nous l'avons quitté, rien ne pouvait lui opposer résistance, tout devait tomber devant lui, force de l'homme, ou prière de la femme ; il rentra dans le salon en proférant de sourdes menaces et cherchant autour de lui ; il ne vit rien, rien que des meubles et quatre murs.

Il appela son neveu d'une voix mêlée de colère et d'affection, car l'absence d'Adrien chassa subitement toutes ses autres pensées ; aucune voix ne répondit. L'escalier avait cet écho plein qui annonce une maison déserte avant la perquisition.

Cet homme terrible venait d'entrer, le cœur rempli de vengeance et d'amour sauvages ; il oublia tout, excepté son fils d'adoption, tombé sans doute aux mains de ses ennemis : les deux armes qu'il tenait lui échappèrent comme inutiles.

Claude visita toute la maison et fouilla ses plus obscurs, ses plus étroits recoins ; ensuite il descendit au jardin et parcourut le petit bois en examinant tous les arbres, de la base à la cime. Les buissons, les haies vives, les tonnelles, les volières, les chenils, tout fut visité avec un soin méticuleux. Désert et néant pour lui ; son Adrien n'était pas retrouvé.

Le désespoir dans l'âme, la rage au cœur, il passait devant la grille de séparation des deux jardins, lorsqu'il aperçut entre deux barreaux la tête d'un homme dont les yeux se fixaient sur lui.

— Que fais-tu là, toi? — dit-il à cette apparition — qui espionnes-tu?

— Vous, monsieur, — répondit l'homme, derrière la grille, avec un beau sang-froid.

— Ah! vous êtes franc, au moins, vous.

— C'est ma seule vertu, la franchise.

— Tu me connais donc?

— Qui ne vous connaît pas!

— Tu me connais et tu m'espionnes! Tu es bien courageux ou bien fou.

— Voulez-vous essayer mon courage, M. Claude Mouriez?

— Pourquoi pas? j'aime les gens courageux, moi.

— Et moi j'en cherche un seul et je ne le trouve pas, M. Mouriez.

— Pas même en ce moment?

— Surtout en ce moment, M. Mouriez.

— Il me semble que tu m'insultes, citoyen?

— Monsieur, vous ne vous trompez pas.

— Et tu m'insultes derrière une grille, comme un royaliste que tu es!

— Vous avez deviné ma profession; mais je connais la vôtre, et je me sers de cette grille pour ne pas être arrêté au nom de votre loi. C'est la précaution d'un homme sage.

— Et d'un poltron.

— Non pas, certes, monsieur, car sans cette grille, vous auriez reçu réellement le soufflet que vous recevez par contumace.

— Oh! misérable!

L'homme de la grille jeta deux épées à travers les barreaux aux pieds de Claude, et dit :

— Choisissez-en une, monsieur, et rendez-moi l'autre.

Ce qui fut fait.

— Eh bien! sors! — cria Mouriez, en brandissant l'épée. — Je jure de te protéger et de me battre avec toi.

— A quoi bon sortir, monsieur? Nous sommes fort bien ici; il ne s'agit que de nous rapprocher et de ne pas rompre. En garde, monsieur le soufleté.

Mouriez bondit comme un lion blessé, et croisa le fer à travers les barreaux de la grille.

Il n'y a pas de combat impossible, même celui-ci, puisqu'il est historique; les deux épées, resserrées étroitement dans leur jeu, heurtaient les barreaux de fer avec une violence qui devait, à la longue les faire voler en éclats, mais le combat fut court; l'adresse et le sang-froid triomphèrent, comme toujours, du courage impétueux; Claude Mouriez, atteint au flanc droit par une pointe fulminante, poussa un cri de désespoir, et, laissant tomber son arme, il tomba sur elle en mordant le gazon.

— Tu insultes les nobles femmes, dit le vainqueur; mais je te rends justice, tu es brave et tu mérites d'être secouru.

Mouriez se leva, dans un effort suprême, et se cramponnant à la grille comme un naufragé au mât flottant, il dit d'une voix éteinte:

— Monsieur, je vous recommande mon fils d'adoption, Adrien Mouriez, qui vient de m'être enlevé là... Prenez soin de lui, et...

Deux armes brillèrent dans ses yeux qui se refermèrent aussitôt: il tomba, baigné dans son sang.

— Je vous le jure! — répondit avec attendrissement le comte de Pressy.

Valentin accourut au signe de son maître.

— Tu peux te montrer maintenant, lui dit-il, nous
ne sommes plus deux contre un...

— Où est-il, l'autre? demanda Valentin.

— Il est là...

— Mort?

— Mon épée s'est brisée sur lui; cet homme est de
fer... Valentin, faisons toujours notre devoir quoi qu'il
advienne... Il faut d'abord enlever cette épée de l'autre
côté, dans ce jardin.

— Ce sera très-facile, monsieur le comte.

Il coupa une branche assez longue pour atteindre
l'épée, et, la rapprochant de la grille de fer, il fit disparaître cet indice de duel.

— Maintenant, où est Angélique? dit le comte.

— Elle est là dans la maison.

— Fais-la venir... Je vais l'attendre un peu plus
loin.

Angélique descendit le perron, et le comte lui dit :

— Avez-vous un moyen de rentrer dans la maison?

— Oui, monsieur le comte.

— Rentrez tout de suite, et entraînez la comtesse à
Paris. Ne lui parlez pas de moi; elle ne vous pardon-
nerait point d'ailleurs ce que vous avez fait...

— Monsieur le comte, interrompit Angélique, comprenez bien ma position. Une femme perd la tête dans
ces moments. J'ai vu M. Claude Mouriez chez Madame,
où pouvais-je courir? que pouvais-je appeler à son
aide? Dieu m'a inspiré votre nom. Je savais, par Valentin, que vous étiez à Versailles; et j'ai désobéi à
Mme la comtesse dans un moment où il s'agissait avant
tout de la sauver.

— Vous avez bien fait, Angélique, dit le comte, et
tout cela restera un secret entre nous... Madame la com-

tesse était donc seule chez elle, quand vous êtes venue m'appeler?

— Monsieur le comte, répondit Angélique de l'air d'une femme qui n'est pas habituée à mentir, — Madame était... oui, elle était seule.

— Pourquoi tremblez-vous en faisant une réponse si simple?

— Eh! monsieur, il y a deux heures que je tremble...

— Pauvre femme!

Le comte serra la main d'Angélique et continua :

— Tout de suite, Angélique, rentrez dans la maison ; assignez à Madame un lieu sûr où vous la rejoindrez, ouvrez la porte, et dites au premier passant isolé que vous rencontrerez sur l'avenue, qu'il y a dans ce jardin un homme blessé, réclamant du secours ! après cela, vous vous éloignerez avec une rapidité prudente... J'exige, Angélique, après ce que je viens de faire pour votre maîtresse, que vous m'instruisiez de tout secrètement, sans trahir toutefois votre maîtresse. Je veux savoir ce qui intéresse mon affection... rien de plus.

— Monsieur le comte, dit Angélique en s'inclinant, sera obéi comme il mérite de l'être.

— Allez à vos devoirs, et ne m'oubliez pas, Angélique.

Le déguisement que le comte de Pressy avait revêtu pour cette expédition de jour lui permettait d'observer tout ce qui allait se passer, après cette scène, aux environs de la venue du Tiers.

Angélique s'était acquittée de la commission avec une fidélité scrupuleuse, ainsi que l'attesta bientôt une foule de curieux, amassés sur le théâtre de l'évènement.

A chaque instant cette foule grossissait, et lorsque Mouriez eut été reconnu, des cris de fureur s'élevèrent, et le mot d'assassinat circula partout.

Cette nouvelle se répandit dans toute la ville avec la rapidité de la flamme électrique ; mais, en se répandant, elle subissait la destinée des nouvelles politiques, elle se dénaturait à l'infini.

On disait :

— Claude Mouriez a été assassiné cette nuit par deux Girondins, sur la route de Paris.

— Des émeutiers payés par les royalistes ont attiré cette nuit Claude Mouriez sur la place de la Liberté, où il a reçu trois coups de poignard. Le chef des assassins a été arrêté.

— A trois heures du matin, Claude Mouriez est sorti de l'Hôtel-de-Ville, avec son neveu, pour comprimer une sédition royaliste, dont toute la ville a entendu les mugissements. L'intrépide républicain s'est précipité sur les factieux où il est tombé percé de coups.

Au milieu de chaque rassemblement, un orateur se faisait entendre et donnait sa version. Tout était dit, excepté la vérité, selon l'usage.

Les médecins appelés dans la maison n° 19, et dans le salon même où s'était passée la scène du matin, donnèrent leurs soins au blessé, mirent sur la plaie le premier appareil et déclarèrent que tout espoir n'était pas perdu.

La foule demandait à grands cris au-dehors que le cadavre de Claude Mouriez fût porté triomphalement à l'Hôtel-de-Ville et exposé aux regards des citoyens.

Le comte de Pressy et Valentin, mêlés à la foule, disaient, par intervalles, avec une certaine circonspection :

— Cependant, si, comme on le dit, Claude Mouriez n'est pas mort, on ne peut pas exposer son cadavre aux regards des citoyens. On doit, au contraire, le respecter sur le lit de repos, où les gens de l'art l'entourent de leurs soins; on doit faire un silence religieux autour de lui.

Les hommes sages disaient :

— Oui, ce citoyen a raison ; si Claude Mouriez n'est que blessé, il a besoin de repos et de calme. Retirons-nous et laissons faire les médecins.

Les plus exaltés ne voulaient admettre que la mort, et rejetaient tout espoir de guérison ; il leur fallait un assassinat complet.

Le jour s'écoulait ainsi au milieu de ces incertitudes, lorsqu'une affiche émanée de l'Hôtel-de-Ville vint annoncer officiellement que Claude Mouriez, dangereusement blessé par un lâche sicaire, à la suite de l'émeute de la dernière nuit, ne serait pas perdu pour la République, et que les coupables seraient découverts et punis de mort.

Cette proclamation municipale calma l'irritation des esprits.

L'INTERROGATOIRE D'UN ACCUSÉ.

— Comment avez-vous passé la nuit, monsieur?

— Assez bien, Suzon... j'ai dormi quelques heures d'un sommeil tranquille.

Allons! prenez patience... vous êtes hors de danger. Le médecin a dit... attendez, j'ai écrit ses propres expressions... il n'y a *aucune liaison dangereuse dans les organes vitaux du citoyen Claude Mouriez.*

— Tu veux dire *lésion* et pas *liaison.*

— Ah! j'ai écrit *liaison,* tant pis!

— Comme tu voudras, Suzon... et toujours point de nouvelles d'Adrien?

— Eh! mon Dieu, non, monsieur!

— Voilà, Suzon, voilà ma vraie blessure! Si je sentais passer sur mon front une caresse d'Adrien, je serais guéri... Qu'est-il devenu, ce pauvre enfant?

— Croyez bien ce que je vous dis, monsieur, et ce que je vous dirai encore : votre neveu est parti pour le Calvados.

— Impossible!

— Mais, monsieur Mouriez, vous croyez-vous très-amusant pour les personnes qui vivent auprès de vous? C'est que vous vous tromperiez beaucoup. Certainement, vous êtes un homme, et vous n'égratignerez pas une mouche de sang-froid; mais quand le diable de la République vous emporte, oh! alors, il faudrait courir jusqu'à Pontoise pour ne pas voir votre visage, et entendre votre voix. Il faut bien vous aimer, bien vous reconnaître pour passer la vie avec vous.

— En effet, tu dois avoir raison...même j'ai besoin de te croire; cela me fait espérer que mon Adrien est vivant...

— Et qu'il vous a quitté pour se débarrasser de vous. Oh! j'ai de la franchise, moi! Aussi, monsieur, vous n'avez que ce que vous méritez. Quelle rage avez-vous eue de vous lancer dans les écharpes tricolores et dans tout ce tapage de révolutions! moi, je crois que tous les hommes sont devenus fous. N'étiez-vous pas plus heureux, monsieur Claude, avec vos petites rentes, dans votre jardin d'Honfleur, entre la rivière et la mer?...

— Suzon, tu es une femme, et tu ne comprends rien à la politique...

— Oh! elle est belle, votre politique! vantez-vous-en!

— Je crois, Suzon, qu'Adrien me reviendra, lorsqu'il saura par les papiers publics ce qui m'est arrivé... je connais son cœur... je n'ai pas lu les gazettes depuis quatre jours, et...

— Et vous continuerez à ne pas les lire, le médecin m'a défendu de vous les donner...

— Laisse-moi lire seulement le numéro de Prud'homme qui a paru hier...

— Ah! bien oui! rien que cela! vous pouvez l'attendre votre Prudhomme!

— Alors, Suzon, dis-moi s'il parle de mon accident.

— Certainement, Monsieur, il en parle.

— Et que dit-il?

— Il répète tout ce qu'ont déjà dit l'*Ami du Peuple*, le *Glaive vengeur*, le *Patriote*.

— Et qu'ont dit tous ces journaux?

— La même chose, comme ils font toujours... Attendez, je vais vous lire ce qui vous regarde, mais à condition que vous ne me demanderez rien de plus.

— Je le promets, Suzon.

La gouvernante prit le journal de Prudhomme, chercha l'article et lut ce qui suit :

« Dans la nuit de *quintidi* dernier, un rassemblement soudoyé par les agents de Pitt et Cobourg a troublé la tranquillité publique à Versailles. Le citoyen Claude Mouriez est parvenu seul à dissiper les perturbateurs; mais comme il reprenait le chemin de l'Hôtel-de-Ville, quatre scélérats se sont rués sur lui, l'ont désarmé, et l'ayant traîné dans un jardin de l'avenue du Tiers, ils l'ont frappé de plusieurs coups de poignard. Les blessures sont graves, mais on conserve quelque espoir. »

Claude Mouriez, malgré son extrême faiblesse, accueillit cette lecture par un léger sourire, dont la gouvernante ne comprit pas le sens.

Le fait fut ainsi acquis à l'histoire, comme disent les annotateurs.

Presque toute l'histoire est remplie de faits acquis avec ce sentiment de vérité.

— Rends-moi un service, Suzon, dit Claude Mouriez d'un ton suppliant, donne-moi la liste des visiteurs que j'ai reçus...

— Que voulez-vous en faire? N'avez-vous pas toujours le temps de la lire? Toute la ville est venue demander de vos nouvelles; il y a eu plus de mille noms écrits sur votre porte; cela doit vous suffire...

— Personne n'a demandé à me parler confidentiellement, lorsque je serai en état de répondre?

— Ah! vous me faites souvenir d'une visite que vous recevez deux fois par jour... C'est un homme jeune, d'une figure fort agréable, et d'une tournure très-distinguée, sous un costume qui ne l'est pas... Celui-là est le plus obstiné de tous : il veut vous parler, coûte que coûte; je lui ferme votre porte, mais toujours poliment, parce qu'il est si poli, lui, qu'on est obligé de le recevoir d'une façon convenable.

— Cet homme a-t-il dit son nom?

— Oui, attendez... il m'a dit son nom, mais il n'a pas voulu l'écrire... Il se nomme je m'en souviens à présent... il se nomme monsieur de la Grille.

— Monsieur de la Grille! dit Claude en regardant le ciel-de-lit. — Ah! oui, oui, j'y suis!... je le connais... Tu as raison... c'est un homme très-agréable... c'est un de mes anciens amis... Quand il viendra, il faut l'introduire tout de suite...

— Si le médecin le permet...

— Que le médecin le permet ou non.

— Si je le permets.

— Tu le permettras, Suzon.

— J'en doute, Monsieur... Au reste, il ne reviendra probablement que dans une semaine, et alors vous serez tout à fait mieux...

— Et pourquoi dans une semaine?

— Vous êtes bien curieux ! Savez-vous que vous parlez un peu trop pour un convalescent ?

— Je me trouve beaucoup mieux, Suzon... Ainsi ne me ménage pas... Voyons ! achève-moi l'histoire de ce monsieur de la...

— De La Grille... Quelle drôle de nom !... C'est un nom qui n'a pas l'air vrai.... Est-ce qu'il s'appelle comme cela ?

— Puisque je l'ai reconnu !

— Ah ! oui, c'est juste !... Eh bien ! monsieur, cet homme me paraît s'intéresser beaucoup à votre neveu Adrien.... Il a juré, dit-il, de le retrouver et d'en avoir soin... Est-ce vrai ?

— Très vrai... Continue...

— Alors, c'est un de vos parents ?...

— Oui... Continue, te dis-je.

— Comme ce M. de la Grille s'obstinait toujours à me demander des renseignements sur Adrien... Il faut vous dire qu'il m'a offert une bague superbe !...

— Que tu as refusée?... — Presque...

— Comment, presque ?

— C'est-à-dire je ne l'ai pas refusée ; mais je ne l'ai pas prise ; j'ai dis que je ferais réflexion...

— Il n'y a pas de réflexion à faire, Suzon ; tu la refuseras...

— Puisque c'est un de vos parents !

— Tu la refuseras...

— J'ai quarante-quatre ans, monsieur Claude. Je vous dis mon âge, parce que vous le savez. A mon âge, on ne refuse pas un cadeau.

— Eh bien ! tu l'accepteras. Mais achève donc.

— Comment, comment voulez-vous que j'achève, vous m'interrompez toujours !.... Je me suis vue obligée à dire alors à M. de La Grille, votre parent, qu'Adrien était parti pour le Calvados...

4

— Tu lui as affirmé cela ?

— Mais oui...

— Et il est parti ?

— Hier soir, en chaise de poste.

— Sans passeport ?

— Vous me croyez bien étourdie, Monsieur ! Je lui ai fait donner un passeport par Legaigneur, dont je fais ce que je veux.

— C'est donc toi, qui commandes maintenant à l'Hôtel-de-Ville ?

— Eh ! puisque vous êtes malade, il faut bien un chef ! Soyez tranquille, je ne ferai pas plus de sottises que les autres.

— Au reste, Suzon, tu as bien fait de lui procurer un passeport... et sous quel nom ?

— Belle demande ! Sous le nom de M. de La Grille !

— Ah ! c'est juste !

— Monsieur Claude, on voit que vous n'êtes pas encore tout à fait bien ; votre mémoire s'embrouille toujours un petit peu... je vais vous laisser dormir jusqu'à la visite du médecin.

— Suzon, dès que M. de La Grille sera de retour, tu l'introduiras tout de suite... Lui as-tu donné exactement l'adresse de ma belle-sœur, de la mère d'Adrien ?

— Soyez tranquille, monsieur ; je n'ai rien oublié.

En ce moment on frappa légèrement à la porte, et Legaigneur, qui remplissait les fonctions de secrétaire, parut et fit un signe à la gouvernante, qui s'approcha en faisant un geste de dépit.

— Que voulez-vous ? lui dit-elle brusquement et à voix basse.

— Une grande nouvelle, dit le secrétaire : il faut que je parle tout de suite au citoyen Claude Mouricz.

— Je ne vous donne que deux minutes, dit Suzon.

Et elle conduisit Legaigneur devant le lit du blessé. Le secrétaire s'inclina profondément. Claude Mouriez lui tendit la main et le fit asseoir, en lui disant :

— Qu'y a-t-il de nouveau ?

— Et ne faites pas cela trop long, — dit la gouvernante d'un ton impérieux.

— Soyez bref dans votre rapport, — dit Claude pour obéir à sa servante.

— Voici, — dit Legaigneur qui regardait Suzon en tremblant. — On a fait hier soir une arrestation importante...

— On fait toujours des arrestations importantes, — murmura Suzon, en arrangeant des meubles qui n'étaient pas dérangés.

— Laisse parler, Suzon, dit Claude avec douceur... Voyons, qui avez-vous arrêté ?

— Votre assassin ! répondit le secrétaire.

Claude fit un mouvement et frissonna sur tout son corps.

— Vous êtes un imbécile, citoyen Legaigneur, — dit Suzon, en frappant l'épaule du secrétaire, — voyez dans quel état vous avez mis monsieur, en lui jetant sans ménagement à la face une pareille nouvelle !

— Ce n'est rien, Suzon, rien, — dit Claude en se contenant, je viens d'avoir un frisson de fièvre, mais ce n'est pas cette nouvelle qui me l'a donné. Quel intérêt puis-je porter à mon assassin ?

— Vous avez beau dire, monsieur, dit Suzon, cela produit un certain effet ; citoyen Legaigneur, vous êtes un sot.

Claude tempéra, par un signe de bonté, l'apostrophe de la gouvernante et dit au secrétaire :

— Faites-moi le portrait exact de cet homme...

— Je ne l'ai pas vu, répondit le secrétaire.

— Il fallait le voir, remarqua Suzon.

— C'est juste, il fallait le voir, dit Claude; et lui a-t-on demandé son nom?

— Oui, on lui a demandé son nom... répondit le secrétaire toujours ému.

— Et comment se nomme-t-il?

— Ah! voilà précisément ce que j'ai oublié de demander, dit Legaigneur.

— Allez vous engager pour jouer le *Voyage de Cadet Roussel!* cria Suzon au secrétaire.

— Sur-le-champ, je veux voir cet homme, — dit Claude avec une émotion contenue, — mais point de bruit, point d'éclat; qu'on me l'amène ici avec les plus grandes précautions. Il suffit de deux archers... Vite, Legaigneur... à cette heure, il n'y a que très-peu de monde encore dans les rues... Allez, ne perdez point de temps.

Le secrétaire salua profondément Suzon, et sortit pour exécuter les ordres donnés.

— Suzon, dit Claude, à quelle heure croyez-vous que M. de La Grille soit parti hier?

— Il ne m'a pas dit l'heure; mais je sais qu'il est parti hier soir ou cette nuit, et en chaise de poste. — Je vais faire mettre des chevaux, m'a-t-il dit, et je pars tout seul, sans domestique, comme un envoyé de la République.

— Enfin, — dit Claude avec un soupir et comme se parlant à lui-même, — enfin nous allons savoir cela.

— Savoir quoi? demanda Suzon.

— Je souffre à la tête, Suzon; aussi ce que je dis n'est peut-être jamais très-clair.

— Oui, monsieur Claude... reposez-vous en attendant.

— Il y eut un quart-d'heure de silence. Puis, un

huissier entra et remit à Suzon une feuille de papier :
c'était le premier interrogatoire de l'accusé.

Claude pria sa gouvernante de donner lecture des
principaux passages. Suzon lut :

« Le prévenu s'obstine à ne pas décliner son nom ,
mais il avoue le crime. »

— Alors c'est lui , dit Suzon.

— Continue toujours , dit Claude.

Sa gouvernante lit :

Demande. — Où avez-vous rencontré Claude Mouriez ?

Réponse. — A l'avenue du Tiers , il était seul.

Demande. — Et vous , étiez-vous seul ?

Réponse. — Oui.

Demande. — Avec quelle arme l'avez-vous frappé ?

Réponse. — Avec une canne à épée, pendant qu'il
lisait son journal, en se promenant. Claude Mouriez est
tombé. Je l'ai cru mort , et je l'ai traîné dans un jardin
tout proche dont la porte était ouverte, après quoi j'ai
refermé la porte , et je me suis tenu dans le voisinage
pour voir ce qui allait se passer.

Demande. — Quel motif aviez-vous pour attenter
ainsi à la vie d'un citoyen investi d'un pouvoir sacré ?

Réponse. — Le motif que chacun trouve au fond de
son opinion politique , dans toutes les époques révolu-
tionnaires : Claude Mouriez était un ennemi.

Demande. — Et on assassine un ennemi , dans votre
opinion ?

Réponse. — Oui, lorsqu'on ne peut pas se battre
avec lui.

Demande. — Vous lui aviez donc proposé un cartel ?

Réponse. — Sans doute ; je suis venu un jour, à la
fin du mois dernier, le provoquer en duel à l'Hôtel-de-
Ville. On m'a traité de fou.

Demande. — Et alors vous avez eu recours à l'assassinat ?

Réponse. — Oui.

— En voilà un d'effronté — dit la gouvernante en jetant loin d'elle le papier de l'interrogatoire. — Mais au moins il faut lui rendre justice, il ne cherche pas à se cacher, il est sincère. Cela ne donne point d'embarras aux juges. Un procès est vite terminé, après tous ces aveux. — Vous êtes coupable ? — Oui. — Vous avez assassiné ? — Oui. — Vous méritez la mort ? — Oui. Cette franchise me plaît. A coup-sûr, cet assassin, est un ex-homme de l'ex-cour.

Claude Mouriez poussa un profond soupir, et sa tête qui s'était à moitié relevé pendant la lecture, retomba sur le chevet du lit.

On entendit un bruit de crosses de fusils dans le corridor, et Suzon courut à la porte en disant :

— Voilà notre criminel ! je suis bien aise de le voir !

Et le prévenu entra dans la chambre de Claude Mouriez.

XXI.

LA FERME DE VIROFLAY.

Il faut maintenant rentrer dans le salon de la maison
n° 19 de l'avenue du Thiers.

Claude Mouriez venait de courir à la porte qui réson-
nait sous le marteau, lorsque André fit à la comtesse un
signe d'évasion très-significatif; celle-ci obéit comme
une esclave dévoué; elle pressa le ressort de la console,
et la lumière du salon éclaira les premières avenues du
souterrain. Mais au moment où ils allaient s'élancer
tous deux dans leur refuge, Adrien releva sa tête et

agita ses bras comme s'il eût repris ses sens et la brusque réflexion n'inspira au poëte d'autre idée que celle d'enlever aussitôt le jeune homme qui, revenu de son évanouissement, allait être témoin de leur fuite et découvrir le mystère de l'évasion. Ce qui fut exécuté avec la promptitude réclamée par les instants décisifs.

Aux lueurs de la lampe du souterrain, André s'aperçut que le jeune Adrien n'était pas revenu tout-à-fait de son évanouissement, et qu'une violente crise nerveuse agitait son corps sans ouvrir ses yeux. — Madame, dit Chénier, il n'y a pas un instant à perdre. Cet asile n'est pas sûr. Il faut profiter des minutes qui nous restent. On va cerner la maison et le bois voisin, c'est indubitable. Nous pouvons encore gagner ma maison, ici près ; ce sera un lieu de refuge jusqu'à la nuit prochaine, et alors, nous aviserons.

La comtesse Marguerite inclina la tête, et réfléchit quelques moments; puis faisant un signe qui contrariait la proposition du poëte, elle déchira une page de son album portatif, et après avoir écrit au crayon ces mots : *chez Denis*, elle la plaça en vedette sous la première lampe, à l'entrée du souterrain, du côté des bois.

— Il serait odieux, dit-elle à Chénier, d'abandonner ici ce pauvre jeune homme, et pourtant.....

— Madame, interrompit Chénier, sortez la première, nous n'abandonnerons personne, pas même un ennemi.

La comtesse souleva la porte horizontale du souterrain ; André Chénier reprit dans ses bras Adrien toujours privé de connaissances, et ils se perdirent en grande hâte dans l'épaisseur des bois du côté de Viroflay.

La nature qui fait toujours son devoir en dépit de nos folies, animait ce désert du charme des heures matinales. Tous les êtres que Dieu n'avait pas doués de la raison humaine étaient joyeux de vivre sur la cime des arbres, sous les fleurs du buisson, dans le clos des fermes, et chantaient sur tous les tons et avec toutes les voix l'hymne de l'amour et du printemps.

C'était le 19 du mois de mai ; un poëte écrivait dans le *Mercure* ces vers :

> Environné des jeux, des grâces ingénues,
> Porté par les amours sur un trône de nues,
> Le mois de mai paraît ; la terre lui sourit,
> Les flots plus librement circulent dans leur lit,
> Et répandent au loin sa vapeur fortunée,
> Il émaille de fleurs le cercle de l'année.

Ce même jour, la Convention traversait, avec une sorte de solennité religieuse, la terrasse des Feuillans, et s'installait aux Tuileries, château désert depuis le 10 août ; château noir et triste, bâti pour porter malheur à tous ceux qui l'habiteront, ce qui n'empêchera personne de l'habiter.

Dans une éclaircie de bois qui conduit à Viroflay, se trouvait alors une petite maison enclavée dans un jardin, et défendue contre le passant par quatre murs. André Chénier s'arrêta un instant devant cette maison pour voir si elle était habitée ou déserte. Les contrevents, à demi-ouverts, les caisses de fleurs aux fenêtres, les cages d'oiseaux accrochées aux murs, les murmures glauques de la basse-cour, tout attestant suffisamment que cette maison avait pour locataires d'*heureux hommes des champs qui connaissaient leur bonheur.* Chénier avait eu besoin de toute sa vigueur pour lutter contre les accès de crises nerveuse du pauvre Adrien : il lui

était impossible de se dévouer plus longtemps à un
acte d'humanité qui d'ailleurs mettait en péril une
femme : aussi n'éprouva-t-il aucun scrupule, en déposant
le neveu de Claude Mouriez sur le seuil de la porte de
cette maison, et après avoir agité violemment la sonnette, il se déroba aux regards et entraîna la comtesse
Marguerite dans les arbres voisins, où ils pouvaient voir
sans être vus.

La porte s'ouvrit, un homme à demi-vêtu parut sur
le seuil, poussa un cri, leva les mains au ciel, et se pen-
chant sur Adrien, il le souleva et le porta dans le jardin.

Au même instant, deux contrevents s'ouvrirent sur
la façade, et des femmes s'y montrèrent et disparurent,
comme pour ne pas perdre du temps à regarder, lorsqu'il s'agissait de secourir.

— Dieu soit béni ! dit Chénier ; il y a des femmes !
ma conscience est en repos ; ce pauvre jeune homme ne
manquera par de soins !

Et après avoir donné un dernier regard à la maison
hospitalière, il dit en offrant le bras à la comtesse Marguerite :

— Maintenant, madame, songeons à vous.

— A nous ! mon oncle poëte, répondit la jeune
femme.

Dès ce moment, il y eut dans la conduite d'André
Chénier une réserve d'une exquise délicatesse, et que les
âmes d'élite apprécieront : il ne prononça plus un seul
mot et ne regarda que son chemin. Parler de choses
oiseuses, c'était impossible ; parler d'amour, c'était inopportun ; mais le silence du poëte avait une expression
bien plus éloquente au milieu de cette solitude merveil-
leuse ; mais ses regards avaient bien plus d'amour que
la parole passionnée, car ils dévoraient l'espace et veil-

laient de tous leurs rayons sur les embûches du chemin.

Enfin, le bois, en descendant vers les terres cultivées, s'éclaircit et laissa voir les arbres amis de l'homme. La comtesse Marguerite désigna du doigt de peupliers comme le pilotte montre les phares d'un port après la tempête.

— C'est-là! dit-elle, — et la tristesse et la joie se confondirent sur son charmant visage dans la même expression.

— Déjà! dit Chénier.

Il y a des moments où le plus court des mots est plus significatif que la plus longue des phrases, et peut faire rêver tout un jour la femme intelligente qui l'écoute et le recueille.

— Mon noble poète, dit Marguerite, au nom du ciel, n'ajoutez plus rien après ces mots! Je veux le garder comme une fleur qu'un ami vous laisse avec son adieu. Je vais répondre à toutes les questions que vous pourriez me faire, car j'écoute votre pensée comme l'écho écoute une voix. Je dois entrer seule dans ce jardin de refuge, chez mon fidèle Denis; seule! comprenez-moi bien. Mais moi, qui depuis si longtemps veille sur vous, je ne renonce pas à la mission que je me suis donnée; je veux encore veiller sur vos pas et savoir toujours si votre lendemain vous a continué le bonheur de la veille. C'est à vous, grand poète, à dire aux étoiles de cette nuit et au soleil de ce jour de garder le souvenir de ce que vous avez fait pour moi, et de me le rappeler à toutes les heures de ma vie, si l'oubli desséchait mon cœur.

Ils étaient devant la petite porte dont les deux peupliers étaient comme le verdoyant et gigantesque numéro. La comtesse mit sa belle main dans la main du poète, en lui disant :

— Ici vos messagers et vos lettres seront toujours reçus avec joie. Adieu ! adieu ! soyez prudent. La prudence, c'est le courage. La prudence est la plus belle des vertus, elle tient une épée à la main, mais elle en essaie la pointe avec le doigt avant de s'en servir. André Chénier, un coup de foudre nous sépare, un sourire du ciel peut nous réunir. Adieu ?

La porte s'ouvrit ; Marguerite s'excita de toute son énergie, et, montrant du doigt le ciel plein de soleil, elle disparut.

Les ombres de l'Érèbe tombèrent sur les paupières du jeune poëte ; le ciel s'éteignit ; un crêpe de deuil voila les arbres ; la campagne fut un tombeau.

Il marcha longtemps au hasard comme le marinier qui a perdu son étoile dans les nuages plombés de la nuit. Le souvenir de Roucher, son ami, le ramena ensuite aux réalités et aux devoirs de l'existence vulgaire ; il se résigna donc à chercher, à travers les bois, un chemin qui ne le conduisait qu'à la maison d'un ami.

La petite ferme du jardinier Denis, à Viroflay, avait un de ces aspects charmants qui réalisent tout ce que le poëte rêve de bonheur dans les oasis civilisés du Nord.

C'était un coin de terre, moitié à l'ombre, moitié au soleil ; humectant les fleurs, mûrissant les fruits ; mêlant les arbustes aux tiges superbes ; donnant le pain quotidien au travailleur, et au poëte la pensée, autre pain qui a son levain aussi.

En s'y réfugiant, Marguerite, qui avait déjà quitté le costume de la grande dame pour celui de femme bourgeoise, dépouilla encore ce dernier déguisement, et revêtit la cotte rugueuse de la fermière : ses beaux cheveux même furent ensevelis sous une trible auréole de linon, que les fausses dentelles accompagnaient sur toutes les coutures et sur tous les bords.

Denis le jardinier, jeune homme de trente ans, attaché comme son père à la famille de Grave, n'avait témoigné aucune surprise en voyant arriver chez lui la comtesse Marguerite ; ces seuls mots étaient sortis de sa bouche :

— Je vous attendais.

Un sourire de mélancolie avait répondu ; et une étreinte donnée par une belle et noble main compléta cette réponse muette.

Cependant Angélique n'arrivait pas, et la comtesse ne cessait de monter au toit de la ferme pour diriger de là ses regards vers toutes les avenues du bois. Le jour était écoulé à moitié ; un si grand retard donnait de l'inquiétude.

Denis avait été prié de ne pas interrompre ses travaux du matin ; mais à midi, il vint s'asseoir avec sa femme, sous une treille de lilas, où son enfant dormait dans un berceau ; et la comtesse Marguerite, toujours plus tourmentée par l'absence d'Angélique, adressa quelques questions à Denis, plutôt pour satisfaire son impatience que sa curiosité.

— J'attendais que madame m'interrogeât, dit le jardinier ; oui, j'ai passé quelques heures hier à Paris pour mes affaires.

— Et y avez-vous appris quelque chose de nouveau ?

— On apprend toujours quelque chose de nouveau quand on va dans ce pays.

— Du bon ou du mauvais !

Dam ! je crois cette fois que c'est du bon — dit le jardinier d'un air mystérieux et à voix basse, comme s'il eût craint d'être entendu par les arbres.

— Voyons ! contez-moi ces bonnes nouvelles, Denis.

— Ces bonnes nouvelles sont mauvaises pour les autres.

— J'entends bien...

— Elles son bonnes pour nous ; on les criait bien haut dans le Palais-Egalité. On lisait sous les arcades une lettre que Tallien a écrite de Tours à la Convention, et où il dit que tout va mal pour les bleus dans ce pays, et il se plaint beaucoup de la négligence du gouvernement.

— Et qui lisait cette lettre ?

— Des gens qui savent lire aussi bien que Mme la comtesse, et qui montent sur des bancs avec une gazette à la main. Alors il faut voir tout ce que font les gens, et entendre tous ce qu'ils disent ! On est furieux contre les Girondins ; on dit qu'ils font tout le mal, eux, et que, sans les Girondins, ça marcherait comme sur des roulettes. Après, on lisait une nouvelle plus forte, et cela faisait pousser des cris à tous les hommes des clubs. Il y a quatre départements en feu, et le drapeau blanc a été arboré le 7 mai à Loudun...

— Que dites-vous là, Denis ?

— Madame la comtesse peut bien croire que je n'invente pas cette nouvelle. Tous ceux qui sortent du café Corazza la publient tout haut ; on ne se gène pas. Les uns, ce sont des nôtres, disent que tout est fini, et que deux cents royalistes marchent sur la Convention ; les autres crient, en secouant leurs poings, qu'il faut en finir avec les Girondins, parce qu'ils ont fédéralisé les départements...

— Mais, mon brave, Denis, avez-vous entendu donner, comme positive, la nouvelle du drapeau blanc arboré à Loudun ?

— Oh ! celle-là et positive ; madame la comtesse peut me croire sur parole. C'est une nouvelle extraite, mot pour moi, du *Moniteur*, comme ils disent : on la vend un sou, devant le café de la Régence ; je l'ai achetée... la voilà...

La comtesse prit la feuille jaunâtre, et lut à travers des larmes de joie ces lignes extraites du *Moniteur : « Quatre départements sont en feu ; Loudun a arboré le drapeau blanc. »*

La comtesse Marguerite relut trois fois cette nouvelle, et doutait du témoignage de ses yeux.

— Le drapeau blanc à Loudun — dit-elle comme, en aparté — mais c'est presque aux portes de Paris.

— Voilà juste, Madame, ce que j'ai entendu dire ! observa Denis ; on ne se méfie pas de moi ? je m'arrête dans les groupes, avec mon habit de paysan et mon air imbécile, et j'écoute tout ce qu'on dit de bon et de mauvais pour en faire mon profit. Oui, il y avait devant le café militaire, rue Saint-Honoré (1) un bourgeois respectable qui est de Loudun, et qui disait qu'à Loudun il y avait assez de royalistes pour faire une armée à Louis XVII. Il faut dire aussi à madame la comtesse, pour être franc, que beaucoup d'autres bourgeois et gens du peuple riaient de ce monsieur de Loudun ; mais ça ne détruit pas la grande nouvelle de la gazette du gouvernement.

— Je te remercie, mon brave Denis, de tous ces détails, dit la comtesse ; tu as donc couru dans tout Paris ? et comment as-tu trouvé l'aspect de la ville ?

— Oui, madame, j'ai couru la ville. D'abord, j'ai assez bien vendu mes fruits et mes légumes ; on dit partout qu'il n'y a pas d'argent, mais les riches en trouvent toujours pour bien manger. Messieurs les conven-

(1) Ce café existe encore aujourd'hui, sous la même enseigne, avec cette devise : Hic virtus bellica gaudet. C'est dans ce café que Lafayette reçut une ovation à son retour d'Amérique.

tionnels, d'abord, ne se refusent aucune primeur en
cerises et en fraises; ils sont bien payés, et ils n'écono-
misent pas une pièce de vingt-quatre sous par jour,
comme des gens qui ne sont pas sûrs de vivre demain.
Quand à l'aspect de Paris, il n'est ni gai, ni triste; Paris
est agité. On marche très-vite dans les rues, comme si
chacun courait à une affaire urgente; cela vient de ce
que chacun a vu ou entendu dire quelque chose de curieux, et qu'il est pressé d'aller le raconter à sa famille.
Les marchands sont tous sur la porte de leurs bouti-
ques, et regardent passer le monde, en attendant les
acheteurs, qui n'arrivent guères, je crois. Il y a beaucoup de crieurs de gazettes et beaucoup de vendeurs
de portraits de M. Marat, qui a été acquitté dernière-
ment par le tribunal. Le jardin des Tuileries est rempli de monde, comme si on allait tirer un feu d'artifice
sur la place Louis XV. A chaque minute, des hommes
sortent de la Convention, descendent de la terrasse des
Feuillans, et viennent déclamer les discours des repré-
sentants du peuple. Alors on applaudit ou on siffle,
selon l'opinion. Tout cela est fort amusant, mais tout
cela donne la fièvre. Les mots que j'ai entendu répéter
le plus souvent, à ma droite et à ma gauche sont ceux-ci :

— Comment cela finira-t-il? Personne ne répond.

— C'est bien, Denis; je vous ai détourné de votre
travail, et vous avez perdu votre temps, qui est pré-
cieux. Je suis fort contente de tout ce que vous m'avez
appris.

Elle fit un signe bienveillant au jardinier, qui s'éloi-
gna.

Quand la comtesse Marguerite fut seule, elle donna
sa première pensée au grand poëte, que rien ne pouvait
longtemps chasser de son souvenir.

— Qu'il a été noble et digne ce matin, — dit-elle

mentalement. — Comme il avait tout oublié pour moi
même son amour! A sa place, un amoureux vulgaire,
le premier jeune homme venu, aurait saisi cette occasion de se vanter de ses services, de son courage, de
son dévouement, et m'eût accablée de ces déclarations
banales que la bouche aime tant à dire, surtout quand
le cœur ne les pense pas! Lui dont les lèvres distillent
le miel de la poésie; lui qui met dans sa voix tout l'en-
chantement de la parole humaine, lui s'est tu comme le
désert où nous passions; et pourtant mon bras, en
effleurant son cœur, me laissait deviner tout le trésor
d'inspirations ardentes qu'il savait refouler et contenir
dans sa sublime générosité!

Puis quand elle admirait autour d'elle le ravissant
paysage décoré par le mois des fleurs, une voix secrète
lui disait que le bonheur était là, dans cette ombre tiède,
dans cette verdoyante thébaïde, où la folle agitation
des hommes expirait sans réveiller un écho, où deux
amours pouvaient se suffire à eux-mêmes, et ne rien
demander au monde que la faveur de son dédain.

— Vivre toujours ici et avec lui! Il y a des mots
tellement habitués à marcher ensemble, que presque
toutes les femmes ont cru les avoir inventés, au moins
une fois dans la vie.

Comme elle redisait pour la dixième fois cette dernière et courte phrase, la porte du jardin s'ouvrit, et
Angélique parut.

Marguerite poussa un cri de joie, et courut à elle de
son pas le plus léger.

La pauvre Angélique était dans un extrême désordre
de visage et de toilette; il lui fallut un long repos et
un long silence avant qu'il lui fût possible de répondre
aux vives questions de Marguerite : enfin elle parla...

— Excusez-moi, ma bonne Marguerite — lui dit la

comtesse d'un ton affectueux — ma vivacité vous im-
portune, excusez-moi... c'est que je vous attends les
pieds sur la braise.

— Eh bien! il est tué — dit Angélique, en faisant
un effort pour reprendre sa respiration.

— Qui? — demanda la comtesse d'une voix étouffée
et le visage couvert d'une horrible pâleur.

— Lui?

— Au nom du Ciel! Angélique, expliquez-vous —
dit Marguerite en s'asseyant de faiblesse sur un banc
de gazon, à côté d'Angélique.

— Pardon, madame la comtesse; je suis encore si
émue de ma course à travers les bois... Si je ne l'avais
pas vu, je ne le vous dirais pas; je ne crois qu'après
avoir vu de mes yeux... Tout le monde nous trompe
à présent...

— Je vous conjure, Angélique...

Marguerite, au comble de la terreur, s'arrêta sans
pouvoir achever sa nouvelle demande; sa main, vivement posée sur la main d'Angélique, remplaça l'expression de la parole.

— Oui, madame, poursuivit celle-ci; je l'ai vu, ce
terrible Claude Mouriez, étendu mort, avec beaucoup
de sang autour de lui...

— Claude Mouriez a été tué? — demanda la comtesse avec une voix qui changea subitement d'expression.

— D'abord, madame, j'ai pensé que vous le saviez,
puis...

— Mais comment voulez-vous que je le sache? interrompit la comtesse; je ne pouvais rien voir dans le
souterrain, et quand je suis sortie je n'ai rencontré personne dans les bois jusqu'à la ferme de Denis.

— Mais je pouvais penser que M. Chénier avait eu
le temps de vous apprendre cette mort, ou, pour mieux

dire, cette victoire; car M. Chénier a tué son ennemi
en brave, je puis l'affirmer. Le hasard m'a fait assister
de loin à ce duel; je n'ai rien vu, mais j'ai entendu un
effrayant cliquetis d'épées, puis un cri de mort... et
après, j'ai vu Claude Mouriez dans votre jardin, et
M. Chénier avait disparu.

Marguerite ouvrait des yeux démesurés, et ses lèvres
convulsives semblaient chercher une exclamation après
chaque mot d'Angélique.

— Mais quelle étrange chose me dites-vous? s'écriat-elle; c'est monsieur Chénier qui a tué Claude Mouriez
en duel?

— Dam, qui l'aurait tué, si ce n'est lui, dans votre
jardin!

— Et à quelle heure!

— Au lever du soleil.

— C'est impossible, Angélique! impossible! M. Chénier ne m'a jamais quittée, ni dans le salon, ni dans
le souterrain...

— Vous croyez? Madame.

— Comment, si je le crois!

— Ah! — dit Angélique avec une stupéfaction naïve,
comme une femme qui ne sait pas dissimuler.

— Angélique, vous avez pâli, et un frisson a couru
sur toute votre personne... Ou vous m'avez déguisé la
vérité, ou mes paroles ont porté votre réflexion sur
quelque chose de mystérieux que je dois ignorer... Angélique; les larmes glissent sur vos joues; votre émotion est extraordinaire; vous me cachez une terrible
confidence..... Angélique, vous savez que je devine les
choses secrètes... mon instinct est infaillible...N'attendez
pas que je parle; parlez.

La comtesse, à ces derniers mots, était presque aux
genoux d'Angélique, et sa parole avait cette furie d'en-

traînement qui subjugue toute maladroite hésitation.

— Madame, — dit Angélique, tremblante comme une femme criminelle — je voudrais pouvoir... mais... j'ai promis... pardonnez-moi... il y a des secrets...

— Oh! maintenant, vous en avez trop dit! — s'écria la comtesse en joignants ses mains comme devant une sainte image; — achevez, achevez, ma bonne Angélique; c'est votre maîtresse, c'est votre amie, c'est la comtesse, dame d'honneur de la reine, qui vous supplie de parler, et de tout dire... parlez.

— Mon Dieu! dit Angélique en levant les yeux au ciel, — Dieu m'est témoin que j'aimerais mieux commettre un crime... mais c'est un crime...

— Non, non, Angélique; n'ayez pas ces scrupules. Si c'est un secret, nous le garderons en commun; nous nous exciterons mieux à le garder : deux femmes unies pour cette œuvre ont plus de force. Angélique, parlez, au nom du ciel!

— Madame — dit Angélique en faisant un effort suprême — madame, vous avez obéie... je suis trop faible contre vous.... ce sera une leçon pour moi... L'homme qui a bravement tué Claude Mouriez est... M. le comte de Pressy...

— Ah! mon Dieu! — s'écria la comtesse, en se voilant le visage avec ses mains.

Et un longue silence suivit cette exclamation.

Elle regarda fixement Marguerite et lui dit :

— Vous l'avez vu?

— Je l'ai vu, madame.

— Vous lui avez parlé?

— Je lui ai parlé.

— Et comment, à cette heure, M. de Pressy, qui a disparu d'entre les vivants, depuis le 10 août 1792, a-t-il passé devant ma maison, tout juste lorsqu'il fallait me défendre contre un ennemi?

— Cela s'explique facilement, madame; M. le comte veillait sur vous, pendant que vous veilliez sur un autre, il veillait nuit et jour, l'épée à la main; il oubliait la proscription et ses dangers personnels pour ne songer qu'aux vôtres; et quand ce redoutable Claude Mouricz est venu vous faire sa dernière insulte chez vous, il a rencontré entre vous et lui l'épée du généreux comte de Pressy.

Marguerite était haletante d'émotion, et des larmes de feu coulaient sur son beau visage.

— Angélique, — dit-elle d'une voix que des sanglots contenus affaiblissaient à chaque syllabe; — Angélique, ce que vous venez de dire me comble de douleur et de joie; je n'aurais jamais cru pouvoir éprouver simultanément deux émotions aussi opposées... Ce noble comte de Pressy! toujours le même! toujours prêt aux héroïques choses, selon la devise de ses aïeux!... et je suis bien sûre maintenant qu'il vous a défendu de me raconter sa belle action?

— Il m'a défendu de vous parler de lui, Madame; en vous disant que je l'ai vu, que je l'ai rencontré, je viole une promesse solennelle, faite ce matin à la face du ciel. Je suis coupable; mais c'est vous, Madame, qui l'avez voulu.

— Il m'aime toujours! — dit la comtesse, sans écouter Angélique. — Noble cœur! esprit droit et juste! il a raison, même dans ses torts!... Oh! voici un nouveau coup de foudre... qui bouleverse ma destinée... Oui... mon Dieu! donnez-moi une salutaire réflexion! Ma tête brûle, et je ne sais que résoudre... Abîmes des deux côtés!... Au milieu, point de chemin... Angélique, le délire est dans mon front... Donnez-moi votre bras... j'ai besoin de repos... le calme m'inspirera mieux... Venez, ma bonne Angélique, conduisez-moi jusqu'à la

porte de cette ferme; mes pieds ne me soutiennent
plus... Noble comte de Pressy!

XXII.

DANS LA CHAMBRE DE CLAUDE MOURIEZ.

Claude Mouriez souleva la tête pour reconnaître son assassin qu'on introduisait.

C'était un homme d'un âge avancé, mais dont les yeux rayonnaient encore d'une vigueur juvénile qui contrastait avec des touffes crépues de cheveux gris.

Suzon murmura ces paroles à voix basse : — Comment ce grand Claude a-t-il pu se laisser assassiner par ce petit vieux.

— Qu'on me laisse seul avec cet homme, dit Mouriez d'un ton timidement impérieux.

— Ah bien oui ! dit Suzon ; attendez que je vous
laisse seul avec un assassin ! Je ne bouge pas d'ici...
Oh ! vous avez beau me regarder avec de grands yeux,
je reste pour crier au secours, s'il le faut.

— Je t'affirme, Suzon, qu'il n'y a aucun danger ;
laisse-moi seul.

— Monsieur Claude, dans l'état de faiblesse où vous
êtes, vous ne pourriez pas vous défendre contre un
enfant.

— Je n'aurai pas besoin de me défendre, crois-le
bien.

— Et moi je ne sortirai pas... Sans compter que je
suis curieuse, et que je veux savoir le motif qui a porté
ce misérable à vous assassiner.

— Suzon, je te le dirai, le motif, ce soir.

— J'aime mieux le connaître ce matin.

Et Suzon s'assit, ou, pour mieux dire, s'incrusta
dans un fauteuil en se donnant toutes ses aises, comme
on fait dans une salle de théâtre lorsqu'on se dispose à
bien jouir d'une représentation.

Mouriez haussa les épaules de l'air d'un homme qui
se résigne à une concession.

— Comment te nommes-tu ? dit-il ensuite à l'accusé.

— Valentin.

— Pas d'autre nom ?

— Pas d'autre, comme tous ceux qui naissent par
hasard, à bord d'un vaisseau.

— Où es-tu né ?

— A Paris, comme tous ceux qui naissent en pleine
mer.

— Ta parole est bien hardie, il me semble, Valentin ?

— Hardie comme celle d'un page de cour, murmura Suzon.

— Mon père m'a toujours forcé de parler haut, dit Valentin.

— Quel est ton père?

— L'Océan.

— Il est inutile de te demander si tu es royaliste?

— Parfaitement inutile.

— Quel grief as-tu contre moi?

— Vous le savez.

— Tu te trompes.

— Relisez mon premier interrogatoire.

— Ce n'est pas à toi à me dicter ce qu'il faut faire.

Réponds : quel grief as-tu contre moi?

— Je suis venu vous provoquer en duel le mois dernier, ici; vos agents m'ont bien reconnu hier. Vous avez déchiré mon billet de cartel en quatre morceaux, et vous m'avez traité de fou. Eh bien! l'autre jour, vous ayant rencontré par hasard, à travers une grille, dans un jardin, je vous ai forcé de mettre l'épée à la main. Vous vous êtes conduit en brave, je vous rends cette justice. Nous nous sommes battus, et vous n'avez pas été heureux.

— Ah! çà, mais, dit Suzon, que vous débite-t-il là, cet effronté?

Claude Mouriez regarda fixement Valentin, et après avoir souri :

— Valentin, lui dit-il, tu es un honnête homme.

— Vous ne m'apprenez rien de nouveau.

— Mais, continua Mouriez, je ne suis pas dupe de ton généreux mensonge...

— Un mensonge! dit Valentin, est-ce que tout ce que je raconte n'est pas exact?

— Oui, Valentin, à peu de chose près.... excepté le mensonge.... Le jour était assez sombre, l'autre matin, sous les arbres, devant la grille, mais j'ai bien reconnu mon adversaire, et ce n'était point un vieillard de 60 ans et plus. Je me suis battu avec un jeune homme vigoureux qui est ton ami, ton parent ou ton maître, qui a de certains motifs pour garder l'incognito; et tu te dévoues pour lui à son insu... Ne m'interromps pas.

Valentin, Celui qui m'a blessé dans ce duel est venu souvent ces jours derniers ici, chez moi, avec un nom d'emprunt.

— M. de la Grille! dit Suzon ébahie.

— Oui, poursuivit Claude; M. de la Grille. Tu vois, Valentin, que je n'invente pas: je te dirai même que ce parent, cet ami ou ce maître, est en ce moment sur la route du Calvados... Mais sois bien tranquille, Valentin, le secret sera gardé. On pouvait me tuer en lâche dans ce jardin; c'était facile: on a mieux aimé courir les chances d'un duel; c'est de la générosité que je veux reconnaître par de la générosité.

— M. Mouriez, dit Valentin ému, puisque vous savez tout, je ne dis plus rien. J'attendrai ce qui m'est réservé.

— Eh! que veux-tu que je te réserve! Serre-moi la main, ouvre cette porte et sors; tu es libre.

Suzon se leva, et prenant affectueusement la main de Valentin, elle lui indiquait la porte.

— Pardon, M. Mouriez — dit Valentin en repoussant avec douceur la main de Suzon. — Alors vous ne m'avez pas bien compris... Réfléchissez mieux, et puis, que vous êtes en train de faire de la générosité, ne la faite pas à demi.

— J'ai beau réfléchir, dit Claude ; je ne comprends pas.

— C'est pourtant bien simple, M. Mouriez. Plusieurs personnes ont été arrêtées, comme complices de l'assassinat, après l'émeute de la place de la Liberté. Il est de mon devoir de ne pas laisser courir à ces malheureux les chances d'un jugement qui pourrait faire tomber leurs têtes. La justice commet souvent de ces erreurs, surtout aujourd'hui. D'un autre côté, je ne souffrirai pas que la personne qui s'est battue en duel avec vous soit compromise. Son nom doit rester un mystère. Or, puisque je me suis fait arrêter volontairement, c'est que j'avais arrangé mon plan. Je me déclarerai seul auteur du crime ; la justice suivra son cours contre moi. Que puis-je craindre ? La mort ? Eh ! mon Dieu ! ma vieillesse n'est qu'un sursis de quelques jours. Ma condamnation éteindra cette malheureuse affaire et rendra la liberté aux innocents. Au bout de quelques jours, on n'en parlera plus.

— Voilà un brave homme ! dit Suzon en essuyant une larme ; mais nous ne consentirons jamais à cela, jamais !

— Certainement, dit Maurice très-ému, il est impossible d'y consentir ; il est impossible de prêter la main à un dévouement qui vous honore, sans doute, mais qui me couvrirait de honte, si je le laissais s'accomplir. — Vous êtes libre, Valentin ; aucune puissance ne peut vous retenir prisonnier un instant de plus.

— Et que ferez-vous des autres prisonniers ?

— Ils seront libres aussi, à l'instant.

— Et que dira le peuple ?

— Il dira ce qu'il voudra. D'ailleurs pourra-t-on m'accuser de favoriser mes assassins?

— C'est très-juste, ce que dit M. Claude, remarqua Suzon. Oh! moi, je le flatte rarement!

— Oui, M. Claude, vous avez cru tout aplanir, mais tout cela n'est rien encore pour moi. Il faudra toujours continuer les poursuites. La justice agira sans vous et malgré vous. Le premier magistrat de cette ville est tombé sous les coups d'un assassin, il faudra toujours s'acharner judiciairement à découvrir cet assassin; et voilà surtout ce que je veux éviter; voilà ce que j'évite en me livrant, en me dénonçant moi-même. La personne à laquelle je m'intéresse est pour toujours à l'abri. Vous voyez bien que mon plan seul est bon et arrange tout.

Claude Mouriez inclina la tête, ferma les yeux, et caressa son front avec sa main, comme un homme qui cherche un expédient.

Un profond silence régnait dans la chambre.

Une voix de crieur public retentissait au dehors.

Claude étendit sa main gauche vers la fenêtre, et fit le signe qui veut dire : Ecoutez!

On entendit ce cri furibond : — *Voilà les détails de l'arrestation et de l'interrogatoire de l'assassin du citoyen Claude Mouriez, à un sou, avec le portrait de l'assassin!*

— Imbécile! dit Suzon; il sera gagné loyalement, ton sou!

— Vous le voyez, dit Valentin, il faut une victime au peuple; on lui donne un assassin, il le prend, et il ne le lâchera pas.

— Monsieur, dit Suzon à Valentin, vous ne connaissez pas Claude Mouriez; il se tuerait pour la Répu-

blique, lui! mais il ne ferait pas tomber un cheveu de
la tête d'un innocent.

Un léger coup se fit entendre à la porte; Suzon ouvrit, échangea quelques mots à l'extérieur, et, se
retournant vers l'alcôve de Mouriez, elle dit : « Le
citoyen accusateur public demande s'il peut être reçu? »

— Qu'il entre! dit Claude.

Le magistrat s'approcha du lit, et sur l'invitation du
malade, il lui dit:

— Le peuple demande que prompte justice soit faite
de votre assassin. Puisque le misérable a avoué le crime,
la procédure ne saurait être longue. Il faut un exemple
dans cette ville, toujours remplie du vieux levain royaliste, et je viens prendre vos ordres, et vous proposer
de fixer à demain l'ouverture du procès-criminel.

— Qui ne sera pas long, dit Valentin.

— Taisez-vous! dit la gouvernante en serrant le
bras de l'accusé.

Claude Mouriez prit la parole sur un ton grave :

— Le peuple demande prompte justice, dit-il ; mais
il demande aussi une justice juste. Je connais le peuple,
j'en sors. Comment voulez-vous entamer un procès
criminel en l'absence du principal témoin, qui est moi?

— Le greffier viendra recueillir ici vos dépositions,
— dit le magistrat, du ton d'un homme qui a tout
prévu.

— Ce serait, poursuivi Claude, violer les formes
sacrées de la justice.

— Les vieilles formes...

— Oui, et d'autant plus respectables qu'elles sont
vieilles, vous avez raison — dit Mouriez, comme s'il
n'eût pas bien compris le sens de la remarque du magistrat — je vais donc donner des ordres pour faire re-
conduire le prisonnier dans sa prison. Vous direz au

tribunal que j'espère être rétabli sous peu de jours, et que j'irai moi-même déposer devant les juges sur les faits relatifs au crime de l'avenue du Tiers. C'est à moi surtout qu'il appartient de donner l'exemple du respect à la justice et à la loi. Point d'exception. Que l'égalité ne soit pas un vain mot.

— Très-bien parlé, dit Suzon.

Le magistrat donna un étrange coup-d'œil à la gouvernante, salua le malade et sortit.

— Voilà tout ce que j'ai pu trouver, dit Claude, pour gagner du temps.

— A quoi bon gagner du temps! dit Valentin.

— Ecoutez, Valentin, poursuivit Claude; pourquoi vous refuser, vous, avec votre héroïsme importun, à seconder mes vues? Réfléchissez; que penseriez-vous de moi, quelle idée auriez-vous de mon caractère, si je vous abandonnais à votre dévouement? Faites au moins quelque chose pour mon honneur. Les révolutions politiques ont cela de bon qu'elles mettent en relief les nobles cœurs et les touchants sacrifices dans tous les partis. Eh bien! Valentin, sacrifiez-vous un peu pour moi.

— Soit, dit Valentin avec émotion, il faut vraiment vivre pour connaître les hommes. Qui dirait que vous êtes Claude Mouriez!

— Mais moi je vous dis que c'est un enfant, dit Suzon, et je le connais.

— Suzon, remarqua Claude, toutes vos réflexions sur moi sont déplacées dans les moments sérieux.

— Ah! bien oui! attendez que je me gêne pour parler, même dans les moments sérieux! Ils sont tous sérieux, vos moments. Vous me condamneriez à être muette.

— Suzon, faites entrer l'officier de police et les

gardes, dit Claude... et vous, Valentin, vous me promettez de me seconder ?

— Oui, dit Valentin les larmes aux yeux.

L'escouade entra.

— Ramenez cet homme dans sa prison, dit Mouriez d'un ton dur; et que personne ne puisse communiquer avec lui.

Lorsque Suzon fut seule, elle s'approcha bien près du lit, et dit à Claude : — Vous avez fait là une chose qui vous portera bonheur; vous verrez !

XXIII.

DANS LES BOIS.

En supprimant ces broussailles du récit qu'on appelle des détails intermédiaires, nous retrouverons le comte de Pressy dans une petite maison de campagne, près d'Evreux, chez Madame Mouriez, la mère d'Adrien, et au moment même où ils partent tous deux en chaise de poste, pour un motif qui va être expliqué.

La mère d'Adrien avait reçu la lettre suivante :

Ma chère mère,

« Il m'est impossible de vous dire comment je suis entré dans la maison d'où je vous écris ; tout ce que je sais se borne à ceci : je me trouve très-faible, comme

après une longue maladie; d'honnêtes gens m'entourent
de soins, et depuis ce matin seulement la fièvre et le
délire ont disparu. Ma convalescence sera longue, mais
si vous étiez près de moi, je crois que je serais tout à
fait bien.

« N'écrivez pas à mon oncle, ne le voyez pas en passant à Versailles; je suis trop faible pour tout vous
écrire. Venez, et je vous dirai tout.

« Suivez exactement les indications qu'on me dicte,
et vous trouverez avec facilité la maison où je suis.

» *Demandez, de la part de Xavier Meignan, la maison
de l'ancien garde forestier; on donnera un guide : rue de
la Treille, n° 28, à Versailles. Ne demandez pas autre
chose; ne vous informez de rien.* »

» Votre fils bien dévoué,

« ADRIEN MOURIEZ. »

Dans sa vive inquiétude, la mère d'Adrien accepta
une place dans la chaise de poste du comte de Pressy,
et le lendemain elle était auprès du lit de son fils.

Le comte de Pressy ne jugea pas convenable d'accompagner la belle-sœur de Claude Mouriez dans cette
première visite, il ne franchit pas le seuil de la porte
où Adrien avait été déposé après la terrible matinée du
duel, et resté seul au milieu du bois, il s'occupa un peu
de lui-même : après avoir payé une si large dette de
dévouement au prochain, il est permis d'être égoïste
pour se reposer d'un grand service rendu.

Toutes les conjectures que M. de Pressy amassa dans
ses réflexions n'amenèrent, selon l'usage, aucune probabilité certaine, mais à travers le vague des supposi-
tions il était permis d'entrevoir que la comtesse Marguerite, qui conservait des intelligences secrètes avec

Denis, le fermier de Viroflay, n'était pas étrangère à cette mystérieuse histoire d'Adrien, ainsi abandonné sur le seuil d'une porte isolée, au milieu du bois.

Rassuré par son déguisement bourgeois et son passe-port où figurait un nom d'emprunt et une apostille protectrice de l'autorité républicaine, le comte de Pressy résolut d'éclaircir ses conjectures à travers toutes sortes d'investigations ; car ce qu'il admettait surtout et avec quelque vraisemblance, c'était une intimité coupable entre la comtesse Marguerite et le jeune Adrien. Il s'établit donc dans un cabaret de bûcherons peu éloigné de la ferme de Denis, et payant largement son hôte pour obtenir toute sécurité chez lui, il se posa, non pas en espion, ce qui est toujours indigne, mais en observateur, ce qui est permis quelquefois.

André Chénier, cependant, attendait toujours un de ces messages promis, et ne voyait rien arriver ; ce retard lui paraissait chaque jour plus étrange et plus inexplicable. Lassé d'attendre, il écrivit une lettre désolée, dans laquelle il sollicitait une entrevue, pour y jeter les bases d'une émigration en Angleterre. Muni de cette lettre, il prit un matin la route de la ferme de Viroflay, comptant s'inspirer du moment et des localités pour faire parvenir sa missive à la jeune femme.

Comme il rôdait, sa lettre à la main, le long des murs de la ferme, en se ménageant un abri derrière les arbres de la lisière du bois, il entendit un bruit de pas, et, tournant la tête avec précipitation, il aperçut d'abord et reconnut ensuite le comte de Pressy.

Il y a des moments où toute supercherie serait oiseuse, et qui ne laissent aucune issue à la dissimulation.

Le comte salua Chénier avec cette politesse gracieuse qui est un coup de foudre, en pareille circonstance, et lui tendit la main, comme s'il l'eût rencontré dans l'allée d'une promenade.

— Il paraît, lui dit-il, monsieur le poëte, que nous *faisons le bois* ensemble, et que nous marchons sur les mêmes *brisées*, pour me servir des justes expressions de la vénerie.

— Il m'est permis, sans doute, — dit Chénier avec un sang-froid bien joué — il m'est permis comme à vous de *faire le bois*, depuis que les lois sur la chasse sont devenues tolérantes dans les domaines de la République.

— Parfait! dit le comte en riant ; nous nous trouvons au rondpoint, vous et moi, comme à un rendez-vous assigné. Voilà du bonheur! Avez-vous *connaissance* de quelque *ragot* ou de quelque *solitaire* dans sa *bauge* ?

— M. le comte, dit Chénier, il me semble que tous ces préliminaires sont oiseux et indignes de vous. Vous devriez attaquer plus hardiment la question, et je suis prêt à vous répondre.

— Parbleu! cher poëte, je vous trouve plaisant ! S'il vous plaît de voir la question hardiment attaquée, eh bien ! qui vous empêche de l'attaquer, en brave, le premier ? Quant à moi, je causerai avec vous jusqu'à ce soir de choses indifférentes, et même, si cela vous amuse, je vous raconterai une chasse superbe que nous avons faite dans ce bois, avec M. de Grave, le 12 juillet 1789, où nous vîmes tous *nos couples d'attaque décousus*... Donnez-vous la peine de vous asseoir au pied de cet arbre, je vais vous apprendre tous les tours ingénieux qu'un *solitaire* nous a joués dans sa *bauge*, quand nous fûmes obligés de le *forcer* à cheval.

— Comte de Pressy, dit Chénier, vous abusez de la raillerie !

— C'est fier, ce que vous dites là, poëte, mais vous n'attaquez pas hardiment la question.

— Comte de Pressy, nous n'avons, ni vous ni moi, les seules armes qui peuvent nous dispenser de parler, en ce moment où nous ne pouvons rien nous dire, vous le savez bien.

— C'est une menace nébuleuse monsieur Chénier, n'est-ce pas ?

— J'attaque hardiment la question, monsieur le comte ?

— Vous voulez donc vous expliquer avec un duel ?

— Je n'ai pas d'autre explication à vous donner, monsieur le comte.

— Vous vous trompez, mon cher poète.

— Je suis seul juge de mon erreur, et je ne la reconnais pas.

— Pardon, monsieur Chénier, vous allez la reconnaître, car vous êtes homme de bonne foi et de loyauté, et je vous défie de garder le silence lorsque j'adresserai des questions à votre honneur... Êtes-vous ici pour voir la comtesse Marguerite ?

— Non, monsieur le comte.

— Ah ! monsieur Chénier, excusez-moi, je me suis mépris ; j'avais compté sur votre bonne foi et votre honneur.

— Bien ! monsieur le comte, c'est cela ; j'aime mieux une insulte directe, un outrage tiré à brûle pourpoint ; au moins, cela supprime toute autre explication ; un homme insulté ne répond plus... Monsieur le comte, où vous trouverai-je demain ?

— Non ! dit le comte. Il tient toujours à son duel ! Mais je ne vous ai pas insulté ; mais je ne veux pas de votre duel ; mais je n'accepte pas ces adroites tournures de phrases. Vous savez bien que je ne suis pas un lâche ; vous savez comment je tiens une épée ; vous savez que j'ai eu cent duels heureux ! Quelle rage avez-vous de tenter un croisement de fer avec le comte de Pressy? parce que vous avez été sous-lieutenant dans Royal-Angoumois où l'on se battait fort mal; je le sais bien, puisque j'en étais colonel à vingt ans. Cher poëte, la plume vous a gâté la main. Si vous persistez, je vous promets bien que le duel ne sera pas long, et quoique vous ayez le bras vigoureux, mon épée se liant à la vôtre, la fera sauter à vingt pas, et ensuite que direz-vous ?

— Je dirai, monsieur le comte, que vous êtes un insolent !

— Eh bien ! soit, je suis un insolent : c'est convenu. Vous voulez vous battre, vous vous battrez ; mais si je vous accorde cette satisfaction, je veux, en récompense, en obtenir une de vous : me la donnerez-vous monsieur Chénier ?

— Si cette...

— Point de si! Comment! je fais tout ce que vous voulez, je vous obéis, je m'incline devant vos fantaisies de poëte, et vous me refusez une satisfaction innocente que je vous demande!

— Je ne la connais pas.

— Vous me la donnerez, parole d'honneur ?

— Vous vous battrez ensuite, monsieur le comte ?

— Oui.

— Eh bien ! parlez, monsieur, interrogez-moi. Je vous donnerai toute satisfaction.

— Vous me répondrez loyalement par un oui ou par un non.

— Je vous le jure, monsieur le comte.

— Votre serment est enregistré; le ciel en prend acte... Monsieur André Chénier, êtes-vous l'amant de la comtesse Marguerite ?

— Voilà une étrange...

— Oui, ou non! — interrompit le comte d'un ton d'autorité suprême. — Oui ou non!... Je sais bien, moi, la raison qui me force à vous faire cette étrange demande... Vous avez juré de me répondre, sur votre honneur... Etes-vous l'amant de la comtesse Marguerite?

— Non.

— Vous le jurez à la face du ciel, la main levée vers Dieu?

— Je le jure!

— Vous le jurez sur les cendres de votre mère?

— Oui, monsieur le comte, sur les cendres de ma mère!

Le comte de Pressy tira un album portatif de la poche de son habit, et offrant un crayon au poëte, il lui dit :

— Vous répugne-t-il d'écrire et de signer ce que votre bouche a dit?

Chénier hésita quelques instants, et dit ensuite :

— J'écris et je signe.

— C'est bien! monsieur Chénier; je suis content, et j'espère que vous le serez à votre tour.

— Vous vous battrez, monsieur le comte?

— Comment donc! pouvez-vous en douter! je me mets à votre disposition... Seulement, M. Chénier, permettez-moi de vous faire réfléchir sur vous-même...

— Toute réflexion est faite, monsieur de Pressy.

— Attendez, monsieur Chénier... un seul mot; ne m'interrompez pas... vous n'êtes pas l'amant de la comtesse Marguerite; c'est juré sur l'honneur : c'est donc admis; mais vous aimez cette femme, et je vous ai dit que cette femme est la mienne; vous avez donc, en ce moment, un projet qui ne paraît guère moral... Ne m'interrompez pas... Voici ce projet, peu digne d'un chaste amant des Muses : Vous aimez une femme, le mari vous gêne, comme de raison, et vous voulez tuer le mari !...

— Monsieur le comte, je veux ce que Dieu voudra.

— Mais Dieu ne veut pas que les amoureux tuent les maris pour épouser leurs femmes... Ainsi, je vous préviens que vous ne me tuerez pas. Nous irons sur le terrain, nous croiserons le fer; j'aurai une superbe occasion de tuer l'amoureux de ma femme; je le laisserai vivre. Et après, que ferez-vous?... vous ne le savez pas?... Eh bien! moi, je vais vous dire ce que je ferai... je quitterai la France avec Madame la comtesse de Pressy, et vous ne la reverrez plus.

— M. Le comte, dit Chénier ému, je vous avoue que je ne comprends rien à votre langage... absolument rien... Jamais un mari n'a parlé aussi légèrement de sa femme, et n'a provoqué de pareilles explications!...

— Oui, monsieur Chénier, cela est vrai; ordinairement les maris ne se comportent pas ainsi; mais excusez, je ne suis pas un mari ordinaire. Ma position n'est pas nettement établie, c'est toujours la faute du temps où nous vivons. L'anormal est dans l'air. On ne fait rien comme aux époques tranquilles. Révolution partout. Un mari demande à un jeune homme :

— Etes-vous l'amant de ma femme? Cela ne s'est peut-être jamais vu. Cela se voit. Nous avons du quatorze siècles de royauté; nous sommes en République, m'a-t-on dit, l'autre jour : allez vous étonner de quelque chose! Notre petit incident se perd dans ce grand tourbillon d'anomalies qui nous emporte. Ne soyez pas trop naïf, monsieur Chénier.

— Au but, comte de Pressy!

— Montrez-moi le but, M. Chénier.

— Demain, ici, nous nous rencontrerons, sans témoins, à la même heure, et Dieu nous jugera.

— Vous persistez toujours, monsieur Chénier?

— J'ai tout oublié, excepté votre insulte ; elle est encore rouge sur mon front.

— Eh bien ! monsieur Chénier, je rétracte ce que vous appelez mon insulte.

— Et moi, monsieur le comte, je ne rétracte rien.

— Soit, monsieur Chénier, puisqu'il faut vous obliger à tout prix.

Le comte salua très-gracieusement le poëte, et disparut dans l'épaisseur bu bois.

Chénier ne songea plus à la lettre qu'il apportait ; il concentra toutes ses pensées sur l'avenir que lui réservait le lendemain.

XXIV.

.

LE RENDEZ-VOUS.

A l'heure convenue, André Chénier fut exact au rendez-vous; le poëte était redevenu sous-lieutenant dans
Royal-Angoumois : il apportait au combat ce courage que
les nobles instincts donnent à tous les hommes de génie,
à tous les illustres artistes qui ont tenu la lyre, le ciseau
ou la pallette; le courage que Michel-Ange déployait,
en 1527, au siége de Florence, qui animait Dante, lorsqu'il arrêta les Pisans à Ponto-d'Era, et Salvator Rosa,

lorsque, dans les gorges des Abruzzes, il prenait les armes en quittant le pinceau.

Notre poëte dévorait les instants, et son œil, qui rayonnait dans toutes les éclaircies du bois, n'apercevait aucune forme humaine se mouvoir à l'ombre de ces majestueuses nefs de verdures, où les oiseaux seuls chantent la poésie de leurs amours.

Même en ce moment de fiévreuse attente, il subissait deux influences souveraines dont sa pensée ne pouvait s'affranchir. Ses regards voyaient la femme absente, ses lèvres murmuraient des vers ioniens; l'amour lui venait de la terre, l'inspiration lui venait du ciel. Assis sur ce terrain de mort, il récita involontairement les *Adieux de la vie* de Gilbert, comme le dévot récite les prières de l'agonie, et il se dit à lui-même :

En voilà un aussi ! voilà un poëte, mort à l'âge que j'ai, avec un avenir superbe ! pauvre Gilbert ! Comme il souriait, en mourant, à cette belle nature, *à ce riant exil des bois !* et après son dernier soupir, la nature a continué d'être belle, et les bois n'ont pas pris le deuil ! Que lui importe, à la nature, qu'un poëte meure ! la nature seule est poëte, et elle prend très-peu de souci de ses impuissants rivaux.

Les heures s'écoulaient, et Chénier, pressant avec rage la garde de son épée cachée sous son habit, s'indignait de ce retard incroyable, qu'il aurait mis sur le compte de la lâcheté, si le courage de M. de Pressy n'eût pas été aussi généralement admis à la cour et à la ville.

— Oh ! s'écria-t-il, comme si quelqu'un pouvait l'entendre, si ce n'est pas une lâcheté, c'est pour moi quelque chose de pire ! c'est une nouvelle et sanglante insulte ! c'est le gentilhomme qui lance au poëte l'ironie de son absence ! Sa voix railleuse me crie par tous ces arbres : — Petit rimeur, tu ne vaux pas la peine que je descende avec une épée jusqu'à toi ! Ce comte fat parodie Alexandre le Grand, qui demandait un autre Alexandre pour entrer dans la lice ! Cet affront me ronge le cœur comme un bec de vautour !

Les yeux du poëte lançaient des flammes, et son épée nue sillonnait de la pointe le gazon de l'allée, et lançait des flocons d'herbe dans toutes les directions du bois.

Tout à coup une idée affreuse tomba dans sa tête et le fit tressaillir comme si le fluide électrique l'eût touché.

Oui, ce long silence de la comtesse Marguerite avait maintenant son explication toute naturelle. Le poëte était oublié. Cette femme, abusée un instant par une étourderie d'affection, venait de s'arrêter sur le bord du gouffre de l'infidélité coupable, et rendait à son mari un amour encore pur et encore digne de lui. Le comte de Pressy, quelque temps éloigné de sa femme par les circonstances politiques, sans doute, était revenu à elle comme l'avare à son trésor, et, en ce moment, lorsqu'André Chénier, un rival impossible, attendait son adversaire l'épée à la main, le comte riait, à côté de sa femme, du rôle absurde joué par un poëte solitaire au fond d'un bois !

Cette poignante conjecture s'élevait, de minute en minute, à la hauteur d'une intolérable probabilité. Le poëte ne trouva bientôt plus l'ombre d'un doute au fond de cette pensée; le désespoir, la fièvre, le délire, égarèrent sa raison; sa tête ne maîtrisa plus ses mouvements : il déchira son front, comme pour en extraire la dernière étincelle de sagesse, et, la flamme au visage et la pâleur aux lèvres, il s'élança vers la ferme de Viroflay.

Dans la matinée même de ce jour, le comte de Pressy

arriva devant la porte de la ferme de Denis ; il ouvrit
son habit, détacha une épée de son ceinturon et la jeta
dans des touffes de hautes arbres , puis il s'affermit de
tout son courage, et pressant les ressorts de la porte, il
entra.

Les fleurs n'ont pas de parfum plus doux que la sua-
vité sereine qui s'exhale d'un jardin aux heures matinales. Le comte, peu porté à la rêverie de son naturel,
respira ce parfum de calme avec une joie que ne lui
avaient pas donnée les vertes magnificences de Versailles dans les jours des royales splendeurs ; il marchait
d'un pas timide et réservé à travers des buissons de lilas, en donnant des regards, en apparence tranquilles,
à toutes les sinuosités du jardin, lorsqu'il aperçut à sa
droite une paysanne d'une tournure suspecte qui le regardait avec un étonnement convulsif.

— Madame — dit le comte, en étendant ses mains
devant lui — vous ne serez jamais déguisée pour
moi, et j'espère que je ne le suis pas moi-même pour
vous.

— Comte de Pressy ! — dit la jeune femme en saisissant avec une vive affection les mains offertes — je
vous jure devant Dieu que je vous attendais.

— Cela ne m'étonne point — dit le comte en offrant
son bras à la jeune femme, comme pour l'inviter à une
promenade autour du jardin — cela ne m'étonne nulle-
ment ; vous êtes la dernière des Gauloises du Rhône ; je
connais vos talents; vous êtes toujours d'intelligence avec
l'avenir.

— Je connais surtout le passé — dit la comtesse
avec émotion.

— Ah ! cela est plus facile, madame.

— Quelquefois, monsieur le comte.

— Parce que l'histoire trompe ; c'est ce que vous voulez dire, madame ?

— Oui, monsieur.

— Mais la science de l'avenir a bien aussi ses erreurs, même pour les Gaulois ; mais dites-moi, je vous prie, belle comtesse, ce que vous avez deviné dans le passé, malgré le témoignage menteur de l'histoire.

— Voici, monsieur le comte : j'ai deviné que le comte de Pressy s'était généreusement dévoué pour une femme, et qu'il avait tué en brave un monstre déchaîné par la convention.

— C'est à peu près vrai, Madame, — dit le comte avec un sourire grave, — heureusement l'histoire n'en parle pas.

— Noble comte de Pressy ! — poursuivit la jeune femme avec une émotion extraordinaire, — voilà une de ces actions qu'une reine aurait récompensée autrefois de tout son amour. Il n'y a plus de reine aujourd'hui !

— Il y en a partout où il y a de femmes ! il y en aura toujours.

— Même après le 10 août 1792, monsieur le comte ?

— Ce que vous dites là est charmant, Madame, — dit le comte, en donnant un regard de tendresse à la jeune femme, — mais est-ce un reproche ? est-ce un encouragement ?

— L'un et l'autre, monsieur.

— Je les accepte tous deux.

— Comte de Pressy, j'attends toujours votre justification.

— Mais vous la connaissez déjà, madame, à peu près, comme si elle était dans le passé.

— Mais je veux, monsieur, la connaître tout à fait, comme si elle était dans l'avenir.

— Ambitieuse ! allons ! il faut vous satisfaire en peu de mots... Un soir, souvenez-vous de ce soir, madame, on jouait *Nanine* de M. de Voltaire, au château du prince de Poix...

— Je m'en souviens, comte de Pressy.

— Très-bien ! madame... lorsque l'acteur débita ce vers de *Nanine* :

L'USAGE EST FAIT POUR LE MÉPRIS DU SAGE,

Je me permis d'applaudir...

— Et vous fûtes le seul qui applaudîtes, interrompit la comtesse.

— Le seul, j'allais vous le dire, madame. Une voix s'éleva et dit : — Cet original de Pressy ! Je m'inclinai et je saluai l'auteur de cette exclamation...

— Je me souviens aussi d'avoir approuvé cet auteur.

— De mieux en mieux, madame, voilà pour vous un passé clair comme l'avenir. Vous me trouvez donc aussi fort original ? vous demandai-je...

— Très-original, vous répondis-je.

— Mémoire d'ange, Madame ! et vous souvenez-vous de ce que vous avez ajouté ?

— Non !

— Non ? Cherchez bien, Madame...

— Je ne trouve pas.

— Faites comme si c'était de l'avenir.

— Obscurité partout, monsieur de Pressy.

— Me permettez-vous, Madame, d'aider votre mémoire ? — Aidez.

— Belle comtesse, cet effort me coûte...

— Alors, Monsieur, — dit la jeune femme en riant, je vais vous épargner cet effort... Voici ce que je vous répondis : Très-original, mais... charmant.

— Comtesse, je vous remerci, vous n'avez rien oublié.

Ce soir-là, vous portiez sur votre robe les insignes d'un deuil de veuvage expirant. Votre mari, le comte de G..., était mort en Amérique, depuis dix mois, et la reconnaissance de votre sourire, après les larmes, avait quelques choses de divin, il fallait vous aimer ou mourir : je vous aimai. On obtient souvent ce qui n'est pas mérité ; j'obtins un peu de votre affection, et assez même pour oser élever mes yeux bien haut, puisque j'eus l'orgueil de vouloir être votre mari.

— Et vous fûtes accepté.

— Et je fus accepté, madame. Le jour où ce bonheur m'arriva, je vous ouvris mon âme tout entière, et je vous exposais franchement la liste de mes défauts, comme un autre eût fait pour ses vertus...

— C'est très vrai, monsieur le comte.

— Je fis valoir contre moi, madame, mes bizarreries, mes originalités et mon mépris pour l'usage consacré par un vers de M. de Voltaire ; je vous priai de vouloir bien peser tous mes vices d'organisation dans la balance nuptiale, en regrettant de n'avoir point de vertus à y déposer pour contrepoids...Vous eûtes la bonté de sourire, et vous me dîtes la phrase de M. Rousseau de Genève : *Jamais homme sans vices eût-il grandes qualités !* Je bénis M. Rousseau, je tombai à vos pieds, et notre mariage fut fixé au 10 du mois d'août 1792.

— Quelle date ! monsieur de Pressy !

— Oui, madame, quelle horrible date ! elle provoque le divorce avant le mariage. Nous nous promenions, la veille, dans le jardin des Tuileries, comme deux véritables époux, et vous observâtes avec tristesse que les feuilles des arbres tombaient déjà flétries, bien avant l'époque...

— Et Louis XVI, interrompit tristement la comtesse, fit absolument la même réflexion à M. Rœderer, en

traversant le jardin pour se rendre à la Convention (1)!

— Ah! j'ignorais ce détail, Madame... Quoi qu'il en soit, ce deuil précoce de la nature au milieu de l'été, vous mit en tristesse; il se révéla sans doute encore à vos yeux quelque chose de fatal et de sombre dans l'avenir, et vous me dites, en poussant une feuille flétrie du bout de votre pied : — *Voilà un* bien mauvais augure écrit sur cette feuille, la veille de notre mariage!...

— Et vous me répondîtes — en riant, — interrompit la comtesse : — Heureusement, madame, vous foulez aux pieds ces préjugés bourgeois.

— Oui, je crois m'en souvenir, mais je me souviens aussi, que mon rire était sérieux. Le lendemain, au moment où je me rendais chez votre famille, le tocsin sonne, la générale bat dans Paris, on m'annonce que le château est menacé par le bataillon de Marseille : je cours aux Tuileries pour y défendre le roi... Je croyais y trouver toute la noblesse... Il y avait les Suisses! quelques vieux gentilshommes et peu de grands noms. Nous fûmes pris d'assaut. Je sortis le désespoir dans le cœur; on ne m'avait pas donné le temps de mourir; j'étais accablé par toutes les hontes et par la mienne; le monde s'écroulait devant moi; un profond dégoût me saisit; je songeais à votre augure de la veille, et ne voulant ni entraîner dans ma propre ruine ni survivre à cette immense calamité royale, j'imaginai un nouveau genre de suicide que Dieu ne défend pas : je m'ensevelis vivant.

— Après m'avoir écrit, vous oubliez cela, comte.

— Oui, madame, après vous avoir écrit ce peu de mots :

« Je sors des Tuileries. »

(1) Historique.

« Au ciel, ou à des temps meilleurs.

» 10 août 1792. »

— J'ai gardé soigneusement votre billet, comte de Pressy.

— Et moi, madame, j'ai fait davantage...

— Dites.

— J'ai gardé mon amour.

Il y eut un long moment de silence ; la jeune femme inclinant la tête, avait l'air de suivre le mouvement de ses pieds sur l'allée du jardin, et ne semblait pas occupée d'autre chose. Le comte attendait une parole qui répondît à sa dernière phrase : *J'ai gardé mon amour.*

La réponse n'arrivant pas, le comte interpréta ce silence à son avantage, et poursuit ainsi : — Quoique retiré du monde, je n'ai cessé de veiller sur vous, Marguerite, en vous dérobant avec un extrême soin tout ce qui me restait d'amour au fond du cœur, de crainte d'enchaîner votre liberté d'action. Il m'a fallu acquérir la preuve évidente d'un immense péril pour m'arracher à ma retraite et me lancer de nouveau sur le terrain extérieur que je ne voulais plus revoir. Le temps amène de singulières métamorphoses ; il nous habitue au mal, comme il nous dégoûte du bien. J'ai fini par trouver des charmes irritants au milieu des orages que je fuyais ; en faisant des adieux irréfléchis au monde, j'avais oublié qu'un lien, un seul, mais puissant me retenait dans ce monde, et que toutes mes haines amassées contre lui devaient tôt ou tard s'éteindre devant mon amour. C'est ce qui est arrivé. Ainsi, Marguerite, tout ce qui s'est passé depuis le 10 août n'a jamais existé pour nous deux. Nous sommes encore au lendemain de cette fatale journée, ou pour mieux dire à la

veille. Nous nous promenons aux Tuileries, à la dernière heure de nos fiançailles, et il n'y a pas, cette fois,
sous vos pieds divins une seule feuille flétrie, tout est
jeune et riant autour de nous, c'est le printemps avec
sa grâce et sa vie, c'est l'amour avec sa douce séré-
nité.

Le comte de Pressy regarda la jeune femme avec une
expression significative, et cette fois les yeux consultés
répondirent avant la parole ; — comte de Pressy, dit-
elle, j'accepte la date de votre calendrier ; nous sommes
au 9 août de 1792, il est si doux pour une femme de
se rajeunir !

Les rayons de la joie illuminèrent le noble visage du
comte de Pressy, et les mains des deux nouveaux fian-
cés se serrèrent avec cette énergie que donne le bonheur.

— Maintenant, Marguerite, dit le comte, je devine
très-bien ce que votre silence me demande. Voici mon
plan. Le hasard, un hasard heureux, m'a donné un
passeport sous un nom supposé. Nous gagnons la Hol-
lande, et de là, nous nous rendons en Angleterre ; ou,
si vous l'aimez mieux, nous resterons en France, dans
quelque retraite bien obscure, où le regard du monde
n'arrivera pas. Au reste, ma belle Marguerite, je me
laisserai toujours diriger par vous dans notre commune
conduite, car j'ai meilleure foi dans votre instinct que
dans ma raison.

— Comte de Pressy, dit Marguerite, on n'improvise
pas ces sortes de résolutions, il faut les mûrir. Vous
savez que ma famille habite notre château patrimonial
dans le Berri. C'est là que je me rendrai d'abord. Ce
coin de province est fort calme et restera calme très-
probablement ; vous viendrez vous réunir à ma famille

lorsque vous serez appelé... Bientôt... bientôt, cher comte.

M. de Pressy regarda l'heure à sa montre, et malgré sa tranquillité habituelle, il lui fut impossible de dissimuler un léger mouvement d'impatience qui n'échappa point à la sagacité de la comtesse Marguerite.

Le comte avait oublié son rendez-vous d'honneur, et il se le rappelait deux heures trop tard.

Il se tourna vers la porte et abandonna mollement le bras de Marguerite.

— Comte de Pressy, dit-elle avec émotion, vous avez en ce moment une pensée qui vous inquiète et que je ne devine pas.

— Marguerite — répondit-il, en affectant une légèreté de ton peu assortie à la circonstance — oui... vous avez raison... pardonnez-moi... il y a en effet une pensée... nous devons tout nous dire, n'est-ce pas ?... à la veille...

— Sans doute ! monsieur le comte... oui, nous devons tout nous dire... parlez.

Et Marguerite n'était pas fort rassurée, à son tour, et regrettait même d'avoir provoqué une explication.

Eh bien ! — poursuivit de Pressy, en essayant d'adoucir par le sourire les paroles qu'il allait prononcer — il y a souvent... entre les femmes spirituelles... et les hommes... d'une certaine classe, il y a des relations...... innocentes, mais que le monde n'explique pas toujours dans un sens favorable aux maris..... ainsi.

— Comte de Pressy — interrompit la comtesse par un ton et un geste de brusquerie peu aristocratique — ne parlez pas avec ce style d'oracle. Je vous ai compris.

à votre premier mot. Oui, dans l'isolement où m'avait
laissée votre abandon, je me suis mêlée, par la lecture,
au mouvement des affaires publiques ; j'ai beaucoup lu,
j'ai beaucoup relu ; je me suis donné des haines et des
prédilections, et je ne vous cacherai point le vif intérêt
qu'excita en moi un jeune homme, un écrivain, un
poëte, plein de talent et d'avenir ; dès aujourd'hui son
nom ne doit plus sortir de mes lèvres, mais ce nom,
vous le connaissez, croyez-le bien...

— Cela me suffit, Marguerite, — dit le comte en
serrant les mains de la jeune femme. — Ce serait vous
faire injure d'en demander davantage... Il y a de ces
choses dont il ne faut parler qu'une fois, une seule,
pour ne plus en parler ensuite.

A ces mots la voix de M. de Pressy s'arrêta, et la
comtesse tressaillit et serra contre son bras le bras du
comte.

Des coups violents avaient retenti sur la porte du
jardin et se mêlaient au fracas de la sonnette.

Denis courait sur l'allée de la porte pour ouvrir,
mais un signe impérieux de la comtesse le retint.

Le jardinier inclina la tête et rebroussa chemin du
côté de la ferme.

— Voilà un visiteur qui témoigne un grand désir
d'entrer ici, — dit le comte en affectant de sourire.

— A coup sûr, dit la comtesse, ce n'est pas un
ami.

— Peut-être, remarqua le comte avec un léger accent d'ironie.

Ce *peut-être* glaça de terreur Marguerite, et l'incar-
nat de ses joues disparut sous des teintes livides.

Les coups redoublaient de violence, et la porte du
jardin semblait devoir s'écrouler sous le plus vigoureux
des assauts.

— Cependant, dit le comte, il faut ouvrir avant la démolition de la porte.

— Non! dit la comtesse vivement, la porte résistera, et nous avons le temps de fuir, si c'est un ennemi.

Au même moment, une tête pâle et couverte de cheveux noirs dévastés parut sur la corniche du mur voisin, entre deux larges mains qui se crispaient comme des griffes de lion, pour soutenir un corps invisible; puis la tête s'éleva dans un élan énergique; les pieds rebondirent sur le mur; une épée nue tomba dans le jardin, et l'homme qui la tenait l'y suivit en s'y précipitant.

Le comte et Marguerite avaient reconnu André Chénier.

L'archange qui tomba foudroyé devait avoir sur son visage la beauté formidable de ce poëte. Il y a des émotions qui impriment soudainement à la figure tous les trésors de colère, de vengeance, d'amour, de désespoir qu'une grande âme peut contenir. Ceux qui assistent alors à cette effrayante décomposition des traits de l'homme, restent frappés de stupeur comme devant une vision de l'enfer.

Marguerite avait murmuré : *C'est lui!* mais d'une voix si faible qu'on ne l'entendit pas.

Elle se laissa tomber mourante sur un banc de gazon, et se voila le visage de ses mains.

M. de Pressy, *toujours prêt à tout*, selon sa devise, sentit, pour la première fois, que son énergie faiblissait devant un coup de foudre trop inattendu, et il regarda le poëte avec une émotion que le plus grand péril n'avait jamais donnée à son intrépide cœur.

Le délire allait parler dans la bouche d'André Chénier.

— Oui, s'écria-t-il, les voilà, ces fils bâtards de la Régence ! ces damerets brodeurs de tapisseries ! ces rimailleurs de ruelles ! ces paladins dégénérés ! ces sybarites pulmonaires ! les voilà ! les voilà tous dans un seul, celui-ci ! un homme-femme saupoudré d'amidon, constellé de mouches, badigeonné de fard, cousu de dentelles ! Il était fort et brave, celui-ci, lorsqu'il fallait croiser le fer avec les eunuques de Trianon, avec les satrapes du Parc-aux-Cerfs, avec les lâches tigellins de la monarchie ! Mais il a bravement lâché pied quand il s'est trouvé face à face avec un homme de cœur ! Il s'est réfugié auprès d'une Amaryllis de jardin, parce qu'une grande dame l'aurait fait rougir ! Il s'est laissé prendre d'assaut dans sa citadelle, parce que la rase campagne lui faisait peur ! Eh bien ! comte de Pressy, vous voilà pris au piége comme un renard au terrier ! Choisissez, maintenant, ou du pied qui écrase ou de l'épée qui tue ! Reptile ou gentilhomme, vous ne m'échapperez pas !

Le comte avait écouté avec une grande froideur apparente ; au dernier mot de Chénier, il s'inclina et dit :

— Il n'y a rien à répondre à cela. Venez, monsieur.

Et le comte fit quelques pas vers la porte du jardin.

La comtesse Marguerite, qu'André Chénier n'avait pas reconnue sous son déguisement, se leva tout à coup et barra le chemin aux deux hommes.

D'un ton de reine, elle dit à Chénier : — Monsieur, donnez-moi votre épée !

Chénier fit le mouvement d'un homme qu'on réveille en sursaut pendant un rêve fiévreux ; il regarda la jeune femme de la tête aux pieds, avec des yeux démesurément grands, et la salua, comme par habitude de respect.

— Votre épée, Monsieur ! dit une seconde fois Marguerite.

À cet ordre deux fois donné par la femme aimée, le poëte obéit comme l'enfant timide au plus injuste des maîtres.

La comtesse appuya la pointe de l'épée contre un arbre, et la brisa.

— Et la vôtre, monsieur ! dit-elle au comte.

— La mienne ? dit de Pressy en riant, je vais la chercher ; veuillez bien m'accompagner tous deux.

Chénier regarda la comtesse comme le chien regarde le chasseur, et il suivit, sur un signe donné, le comte de Pressy.

Ils sortirent tous les trois du jardin, et le comte, enfonçant sa main dans un buisson sauvage, et retira son épée et la donna gracieusement à la jeune femme, qui la prit, et la montra à Chénier.

— M. Chénier, dit-elle, celle-là, je ne la brise pas, parce qu'elle a été héroïque ; parce qu'un jour, M. de Pressy, ce sybarite, ce dameret, ce rimailleur, ce paladin de ruelle, a pris cette vaillante épée à deux mains pour renverser un géant dans un duel terrible. Cette épée, je ne la brise pas comme la vôtre, parce qu'elle a ouvert les veines de Claude Mouriez.

Chénier, croisa vivement ses mains regarda le comte de Pressy.

— Maintenant, messieurs, poursuivit la comtesse, rentrons chez moi.

Dans le jardin, cette scène continua. Le poëte incli-

nait sa tête sur son épaule comme un athlète vaincu qui
demande merci : la voix d'une femme avait passé sur
ce front dominateur, et l'avait courbé, comme le vent
courbe le roseau.

— Monsieur Chénier, — dit-elle avec un accent de
mélodie céleste auquel rien ne résiste, — vous avez
cédé follement à une mauvaise inspiration, en venant
ici ; vous avez méconnu votre dignité d'homme et de
poète ; vous avez violé le saint asile des proscrits ; ce
sont des fautes que vous pleurez déjà, dans l'amertume
de votre cœur. Votre silence respectueux me répond
mieux que votre parole ; les excuses sont écrites sur
votre front, et je ne vous en demande pas d'autres ;
elles me suffisent, et elles suffisent à M. le comte de
Pressy.

— Madame, dit Chénier en baissant les yeux,
comme le coupable devant son juge, puisque vous
jugez si bien mes intentions, je me garderai d'ajouter
un mot à tout ce que votre grâce veut me prêter d'honorable. Seulement, qu'il me soit permis de dire que
jamais ma colère et mon délire ne m'auraient emporté à
de telles violences, si j'eusse pensé qu'elles avaient pour
témoin la comtesse Marguerite...

— Je me plais à le croire, Monsieur.

— Quant à ma conduite future, poursuivit Chénier,
elle sera ce que votre bonté voudra qu'elle soit.

— Monsieur Chénier, — dit la comtesse en souriant,
— il me semble que vous devez vous éclairer vous-
même sur votre conduite ; hors de cette enceinte, vous
êtes tout à fait indépendant de ma volonté.

— Madame, vous avez eu la bonté de vous intéresser
à mon destin, non pas comme une femme, mais comme
un génie tutélaire ; lorsque je demande un conseil pour

diriger ma conduite, ce n'est pas à la femme que je m'adresse, c'est à l'ange.

— Eh bien ! M. Chénier, la comtesse Marguerite, qui porte toujours le vif intérêt au poëte, vous prie une dernière fois...

— Une dernière fois ! — interrompit Chénier d'une voix faible.

— Oui, une dernière fois, de veiller sur vous même, de ne donner aucun prétexte de vengeance à vos ennemis politique, et d'attendre des jours meilleurs dans la retraite et le recueillement. Vous avez à cultiver votre génie ; vous devez compte à Dieu du talent merveilleux qu'il vous a donné, en le refusant à un autre. Travaillez, pensez, écrivez. Vous avez un monde à découvrir dans votre front. Marchez à votre œuvre, et oubliez le passé des autres, pour ne songer qu'à votre avenir.

— Ce sont là vos adieux, madame? — dit Chénier en s'inclinant.

— Il m'est impossible, M. Chénier, de vous en adresser qui soient plus sages et plus conformes à l'intérêt que j'ai toujours porté, que je porterai toujours à votre génie. Vous comprenez fort bien, maintenant, qu'à dater d'aujourd'hui de nouveaux devoirs commencent pour moi ; je vais m'isoler aussi, je vais chercher un refuge, puisque ce désert même n'est pas inviolable. Adieu, M. Chénier, adieu !

La parole de Marguerite, si ferme jusqu'à ce moment, s'affaiblit et annonça une émotion intérieure qui pouvait se trahir, si cet entretien se fût prolongé.

Le comte de Pressy, qui s'était tenu un peu à l'écart, avec une délicatesse adroitement dissimulée pendant cette scène, fit quelques pas vers le poëte et lui tendit la main.

Chénier obéit comme un automate aux exigences de ce moment terrible : il serra les mains du comte et de Marguerite, en refoulant au fond de son cœur un cri de détresse, il sortit de la ferme de Viroflay sans trop savoir où ses pieds le conduisaient.

Un monologue mental se déroulait en lui, comme à son insu, et l'accompagna dans sa marche à travers le bois. — Oui, se disait-il, voilà les femmes ! elles vous attirent à elles, ces syrènes, avec leurs lèvres de miel et leurs mains d'ivoire ; on descend du vaisseau sur le rivage ; on court à elles, ces douces créatures vous tuent sans pitié !... Et maintenant, que faut-il faire ? la vengeance même m'est interdite... me venger... et de quoi ? et de qui ? c'est moi qui fus absurde ! j'ai pris l'affection chaste de la femme pour l'amour illégitime. Nous nous abusons toujours ainsi. L'orgueil nous égare; et quand l'amour-propre nous a plongés au fond de l'abîme, nous regardons si une main secourable n'est pas tendue vers nous. Je vois le fond de l'abîme, mais je ne vois pas la main... le désespoir m'étreint comme un carcan de fer rouge ! l'air manque à ma poitrine ! la vie n'est plus en moi ; la vie c'était mon amour !

André se laissa tomber au pied d'un arbre, dans un état de faiblesse qui ressemblait à l'agonie; mais les hommes que soutient le feu électrique des passions ne peuvent être détruits par ces accidents vulgaires; ils ressuscitent pour souffrir et souffrent pour vivre; c'est leur étrange destin : pour les renverser, il faut le

plomb de la bataille ou la hâche du bourreau!.....
Heureux Chénier, s'il avait pu mourir d'un désespoir
d'amour !

XXV.

L'OPÉRATEUR ET LE BLESSÉ.

— Oui , mon cher André, — disait Roucher en serrant quelques manuscrits dans un portefeuille, — vous vous êtes enfin arrêté au parti le plus sage. Maintenant, je vous regarde comme sauvé.

— Vous allez trop vite, mon ami, — disait Chénier, assis devant une cheminée et brûlant des lettres ; — je suis sauvé comme l'homme que la tempête a jeté pauvre et nu sur un écueil désert.

— Eh bien ! mon ami, c'est déjà quelque chose un écueil désert ; c'est un lendemain promis.

— Et après ?

— Après, il y a la Providence.

— Elle existait pour tous ceux qui ont péri de misère.

— Ceux qui ont péri avaient douté.

— Mon ami Roucher, je ne suis pas d'humeur de poursuivre des problèmes de métaphysiques ; nous avons mieux à faire en ce moment, vous et moi.

— Quant à moi, je suis prêt, Chénier.

— Et moi, je vais l'être ; mais si vous causez toujours, je n'aurai jamais fini de brûler ces lettres, parce que je les relis à la hâte avant de les jeter au feu.

— Pourquoi les relire? brûlez en masse tous ces chiffons ; le feu est le plus habile correcteur des sottises du passé. Ah! si l'on pouvait brûler de cette manière les sottises de l'avenir !

— Que faut-il faire de celle-ci ? — dit avec émotion Chénier en montrant la première et longue lettre de la comtesse Marguerite.

— Brûlez tout, vous dis-je, brûlez tout en bloc, sans examen, comme Jules César fit des lettres de Pompée après la victoire de Pharsale.

— Brûler cette lettre ! dit Chénier en la regardant avec des yeux pleins de tendresse et de douleur.

— Il fallait commencer par celle-là, Chénier.

— Elle m'aimait quand elle l'écrivait !

— Vous dites là une phrase d'enfant, mon bon Chénier. Quand vous aurez cinquante-deux ans, comme moi, vous ne ferez pas une exclamation aussi naïve.

— Roucher, vous la faisiez quand vous aviez trente ans comme moi.

— C'est ce qui vous trompe, mon ami ; je n'ai jamais connu sérieusement que trois femmes, et celles-là ne m'ont jamais causé de chagrin mortel.

— Vous aviez bien choisi?

— Oh! très-bien !

— Et vous les avez oubliées ?

— Je les aime encore, et j'ai toujours conseillé à mes amis de les rimer. Ce sont les seules femmes qui m'aient inspiré les meilleurs vers.

— Que vous avez publiés ?

— Dans mes œuvres, oui Chénier.

— Avec leurs trois noms ?

— Et quels noms, Chénier ! Hélène, Didon et Cléopâtre.

— Roucher, vos plaisanteries peuvent être agréables, mais elles manquent d'à-propos.

— Je ne crois pas ; elles vous ont fait sourire...

— Comme on sourit quand on n'a plus de larmes !... Roucher, croyez-vous que l'heure soit favorable pour notre départ ?

— Pas encore, — dit Roucher en examinant par la fenêtre la campagne et le ciel... La nuit n'est pas encore assez faite...

— La nuit est toujours faite pour moi.

— Chénier, prenez garde ! vous étiez en convalescence; n'allez pas rechuter !

— Concevez-vous cette femme ? La comprenez-vous ? — dit André en froissant la précieuse lettre dans ses mains.

— Je la conçois très-bien, mon ami ; faut-il donc toujours vous redire la même chose ?

— Oui, Roucher, tant que je ne la comprendrai pas.

— Elle est pourtant bien simple...

— La femme ?

— Non, la chose... Tout ce que vous m'avez conté, mon bon Chénier, m'a mis sur la bonne voie. Le mari de cette femme, le comte de Pressy, est un forcené royaliste; il commandait un bataillon suisse au 10 août, et son nom a souvent figuré dans l'*Ami du Peuple* avec un assaisonnement d'anathèmes. Or, ce comte s'est tenu caché dans quelque souterrain de son hôtel, en laissant sa femme errer à l'aventure; puis voilà que tout à coup l'horizon royaliste s'éclaircit à ses yeux, du moins; quatre départements s'insurgent contre la République; Tallien, qui n'est pas suspect, écrit à la Convention les nouvelles les plus alarmantes; le *Moniteur* du 10 mai annonce que le drapeau blanc a été arboré à Loudun. Il y en a cent fois trop pour rendre la vie à ce poltron de comte de Pressy, alors il sort de sa *cache* et va retrouver sa femme au moment où sa femme ne songeait plus à lui et songeait beaucoup plus à sa liberté.

— Cela paraît assez juste, dit Chénier en réparant avec soin la dévastation commise sur sa précieuse lettre; et en admettant ce que vous dites, Roucher, en admettant cette conjecture comme fort raisonnable, madame de Pressy n'avait pas d'autre conduite à tenir envers moi; elle a fait ce qu'elle devait faire. Le mari, souverain, armé de ses droits, était là; une femme devait s'incliner et se taire... Pauvre Marguerite! Oui, Roucher... je me souviens à présent!... Sa voix est encore dans mon oreille lorsqu'elle m'a dit son dernier adieu!... un adieu plein de trouble désolant et de tristesse voilée?... Un mari! quel mot! que de pouvoir d'un côté! que de faiblesse de l'autre!... Oui, j'admets tout cela, Roucher; votre esprit est lucide, le mien est couvert de ténèbres. Vous avez illuminé ma raison... Pauvre Marguerite!

— Prenez garde, Chénier, vous allez peut-être trop loin... Ne soyez pas si prodigue dans vos plaintes ; votre guérison serait compromise si vous vous laissiez emporter par votre pitié envers madame de Pressy ; cette pitié réagirait sur vous ; et si votre amour-propre vous faisait croire que vous êtes, vous, le seul remède à une douleur incurable, vous iriez, demain encore, voir la cime des arbres de Viroflay. Chénier, mon ami, vous me croyez, dites-vous, en bonne position pour voir les choses avec un esprit lucide ; eh bien ! suivez mes conseils jusqu'au bout. D'abord, je vous ai détourné d'un suicide ; le suicide, vous ai-je dit, est la suprême expression de l'égoïsme : celui qui se tue n'aimait que lui ; il n'avait point d'amis, point de famille. Voulez-vous être cet homme-là ? Non, m'avez-vous répondu. Mon second raisonnement vous a décidé à quitter cette demeure, à changer d'habitation, à ne plus voir autour de vous les objets qui attristent les souvenirs. Vous m'avez donné de nouveau une sage approbation. Je viens d'obtenir le même succès en vous expliquant la résurrection conjugale de M. de Pressy. Enfin, j'espère compléter ces heureux résultats en vous affirmant, par l'autorité de mon expérience, que cette jeune femme n'a pas besoin de ce luxe de compassion dont vous l'accablez, et que, sans oublier des affections étourdies produites par un désœuvrement isolé, elle s'estime la plus heureuse des épouses en retrouvant son noble et jeune mari.

— Roucher ! — dit Chénier d'une voix dolente ; — ce que vous faites là est bien cruel !

— Le blessé dit la même chose à l'opérateur, mon bon ami, et l'opérateur sauva le blessé.

— Oui, quand la blessure n'est pas incurable...
Enfin, mon cher compagnon d'exil, je veux faire quelque chose pour vous ; j'essayerai de donner raison à vos conseils.

— Je ne demande que cela, Chénier...

— Avant de finir cet entretien, qui ne se renouvellera plus, croyez-le, Roucher, il me reste un scrupule qui tourmente ma délicatesse ; vous venez, tout à l'heure, de traiter de poltron M. de Pressy ; je ne puis, en conscience, vous laisser une pareille opinion sur cet homme, quoiqu'il soit la seule cause vivante de mes malheurs. On ne peut pas appeler lâche celui qui a tué bravement en duel le terrible Claude Mouricz.

Roucher ouvrit de grands yeux et les fixa sur son ami.

— Oui, oui, continua Chénier ; un pareil exploit témoigne hautement de la bravoure d'un homme.

— Quand cet homme a fait cet exploit, observa Roucher en riant.

— C'est évident ; mais M. de Pressy l'a fait.

— On voit bien, mon cher André, que vous habitez les souterrains et les bois, et que les affaires de ce monde se bornent à vos amours.

— Voyons, expliquez-vous.

— Qui vous a dit que M. de Pressy a tué Claude Mouricz en duel?

— Oh! je le sais ; je le sais positivement.

— Chénier, on vous a trompé, on vous a menti. Claude Mouricz n'a été tué en duel par personne ; il a été assassiné dans une émeute, sur la place de la Liberté, par un royaliste nommé Valentin.

— Que dites-vous là?

— L'assassin devait être jugé aujourd'hui ; mais il est parvenu, la dernière nuit, à limer deux barreaux de fer de sa prison, travail dont il s'occupait probablement depuis plusieurs jours, et il s'est évadé ; on est à sa poursuite...

— Et comment savez-vous cela, Roucher?

— Rien n'est plus certain... Notre vieille femme de service, qui achète tous les papiers que vendent les crieurs publics, m'a donné celui-ci hier soir ; lisez-le...

Chénier prit la feuille des mains de Roucher, et lut cette nouvelle annoncée sous ce titre : *Détails sur l'évasion de Valentin, assassin du citoyen Claude Mouriez.*

C'était officiellement publié, avec l'autorisation municipale.

— Oui, dit Chénier frissonnant de colère ; oui, vous avez raison ; de Pressy est un lâche et un menteur ; et c'est par une odieuse et criminelle fanfaronnade qu'il a regagné le cœur de la comtesse Marguerite! Une femme pardonne tout à l'homme héroïque qui vient de la sauver. Comprenez-vous cette infamie, Roucher? le misérable s'est vanté de ce duel honorable qui le posait comme un libérateur! Voilà les délicates ressources de ces gentishommes ! voilà comment ils séduisent les femmes !... Roucher, je ne partirai pas ; vous partirez seul ; je veux démasquer M. de Pressy ; je veux l'avilir devant sa femme ; je veux qu'il me rende le duel qu'il me doit. Il croyait tout fini : tout recommence. Je veux tuer cet homme, dussé-je ne plus revoir Marguerite! J'ai un motif de vengeance, maintenant, et je me vengerai.

— Chénier se dégagea vivement des bras de Rou-

cher, qui voulait le retenir, et s'élançant de l'escalier
dans le jardin, il ouvrit la porte, et se trouva face
à face avec un messager bien connu, le jardinier
Denis.

— Vous alliez sortir, monsieur Chénier, dit Denis;
pardon si je vous dérange; je n'ai rien à vous dire;
je n'ai que ce billet à vous remettre et je m'en
vais.

— C'est un billet de Mme la comtesse? demanda
Chénier d'une voix sourde.

— Oui, monsieur; elle est partie aujourd'hui à
quatre heures.

— Partie! s'écria Chénier en se frappant à la tête,
et partie avec...

— Avec madame Angélique.

— Et le comte?

— M. le comte n'est plus à ma ferme; il ira rejoindre
madame la comtesse en Berri pour l'épouser.

— Comment! pour l'épouser! que dites-vous, Denis? Vous perdez la tête!

— Non, monsieur Chénier; je sais très-bien ce que
je dis.

— Ils n'étaient donc pas mariés?

— Mais vous ne le saviez pas?

— Ce comte de Pressy, — dit Chénier en frémis-
sant de rage, — est donc un imposteur d'habitude! il
se vante d'un mariage comme d'un duel... Denis, re-
verrez-vous bientôt madame la comtesse?

— Oh! non, monsieur; je ne la reverrai peut-être
jamais.

— Avez-vous entendu parler de l'affaire de Claude Mouriez ?

— Oui, monsieur, on ne parle que de cela.

— Et que dit-on, Denis ?

— On dit qu'il a été assassiné dans une émeute par un nommé Valentin.

— C'est bien cela ! il ne m'est plus permis de douter du caractère de cet homme ; il a commis toutes les lâchetés.

— Monsieur Chénier a-t-il encore quelque chose à me demander ?

— Non, Denis, non ; vous pouvez partir.

Le fermier salua et regagna le chemin du bois.

Chénier fut tenté vingt fois de déchirer le billet qu'il tenait dans sa main. En ce moment, Marguerite lui apparaissait sous un jour nouveau ; elle semblait la complice de M. de Pressy ; elle venait au moins de s'associer à lui dans un mensonge. Oh ! combien il faut d'expérience, combien d'habitude, des choses étranges de la vie, pour s'arrêter devant une fausse certitude, devant une conjecture trompeuse, et apprendre le grand art du doute et de l'hésitation dans ce monde, où toutes nos premières pensées sont des erreurs, où nos dernières ne sont pas encore des vérités. Il y a pour l'homme le plus sagace trois personnes qu'il ne connaîtra jamais à fond : lui, sa femme et son meilleur ami.

Cependant, comme on adore toujours à son insu la femme que l'on déteste, Chénier rentra chez lui pour lire le billet de Marguerite, car la nuit était déjà fort sombre ; ce billet était ainsi conçu.

« Monsieur,

« Aujourd'hui, il m'est encore permis de vous
» écrire quelques lignes ; demain, cela me sera défendu.
» Je veux obtenir de vous l'assurance que vos jours
» sont calmes, que votre retraite est sûre, et que votre
» esprit est revenu à cette haute raison, qui est le
» génie. Écrivez-moi une fois, une fois seulement,
» poste restante, à Vierzon, sous mon nom de famille,
» madame Grave, et rassurez-moi. Je me souviens
» toujours de ma vision d'Aix.

                          » Votre dévouée,

                          » C. MARGUERITE. »

La vue de cette écriture, toujours si chère, produi-
sit son effet accoutumé. Le poëte se déroba quelque
larmes à lui-même, et après avoir réfléchi, il secoua
convulsivement la tête, comme celui qui prend une énergique résolution.

Roucher attendait toujours son ami, dans la position
de l'homme qui se prépare à un départ, et qui n'attache
plus aucun intérêt à la maison qu'il abandonne pour
toujours.

Les deux amis se réunirent dans le jardin, et se serrèrent la main comme pour se souhaiter toute sorte de
bonheur dans le voyage qu'ils allaient faire ensemble.

— Sommes nous prêts ? dit Chénier.

— Oui, répondit Roucher ; j'ai l'*omnia mecum porto*
de Bias.

— A de nouveaux destins ! dit Chénier.

Et les deux poëtes prirent la route de la ville de Rouen, mais en évitant toujours les grands chemins. Après quatre jours de marche, ils arrivèrent dans la superbe ville normande, et prirent un logement d'anachorète derrière l'église de Saint-Ouen, cette merveille de l'architecture rêvée, ce bijou tombé du ciel aux jours de la foi.

FIN DU DEUXIÈME VOLUME.

TABLE.

FIN DE LA TABLE.

TABLE.

FIN DE LA TABLE.

www.ingramcontent.com/pod-product-compliance
Lightning Source LLC
Chambersburg PA
CBHW060603100426

42744CB00008B/1299